周川 著

大学掌故

海峡出版发行集团
福建教育出版社

图书在版编目（CIP）数据

大学掌故/周川著. —福州：福建教育出版社，2025.6. —ISBN 978-7-5758-0439-4

Ⅰ.G649.28

中国国家版本馆CIP数据核字第2025AG3418号

Daxue Zhanggu

大学掌故

周川 著

出版发行	福建教育出版社
	（福州市梦山路27号 邮编：350025 网址：www.fep.com.cn
	编辑部电话：0591-83726908
	发行部电话：0591-83721876 87115073 010-62024258）
出 版 人	江金辉
印 刷	福州万达印刷有限公司
	（福州市闽侯县荆溪镇徐家村166-1号 邮编：350101）
开 本	787毫米×1092毫米 1/32
印 张	11.625
字 数	187千字
插 页	2
版 次	2025年6月第1版 2025年6月第1次印刷
书 号	ISBN 978-7-5758-0439-4
定 价	33.00元

如发现本书印装质量问题，请向本社出版科（电话：0591-83726019）调换。

前　言

"掌故"一词，尽管权威的辞典都有很专业化的界定，但在本书，我更倾向于望文生义，把它理解为"巴掌大的故事"。首先，它是故事，是过去发生的事情，但它又不是洋洋洒洒的大故事，而是短小精悍的小故事。这本《大学掌故》，就是关于大学的小故事，共322则，每则三五百字左右。

本书所讲的故事，都发生在中国的大学里或者中国的大学人身上，这里的"大学"当然是泛指，既包括大学和学院，也包括其他各类高等学校以及学馆、书院等等。这些故事发生的时间，大多在19世纪后期到20世纪50年代这个时段内。这是中国近现代高等教育滥觞的时期，也是中国近现代高等教育曲折发展的时期，筚路蓝缕，变化多端，进步与落后、新与旧、中与西等各种因素相互碰撞、冲突、交汇、交融，这个时期的中国大学和大学人，各显身手各领风骚，因而故事多多。

本书所述故事，主要集中在大学的办学、教学和治学等方面，共分为九篇。"办学篇"，事关大学的创办、创办者与大学的关系、校长的遴选；"治校篇"，故事的主角是大学校长及相关的主事者，事关大学的治理和管理；"授课篇"，故事的主人翁是大学教授，事关他们的课堂教学方法及其行为方式和教学特点；"育才篇"，主人翁仍是大学教授，事关他们对学生的个别指导和因材施教；"师生篇"，事关大学师生之间或纯洁、轻松，或复杂、紧张的师生关系；"师友篇"，事关大学教师之间或单纯或复杂的人际关系；"学风篇"，事关大学及其师生在教育教学和治学活动中表现出来的风格、风气；"风范篇"，事关大学人在治校、教学、治学以及社会活动方面表现出来的品德操守和风范、风骨；"域外篇"，主人翁是中国学人或华裔学人，但故事发生在国外的大学里。这九篇的分类是粗略的，篇名也多写意；每篇之中的各则故事，大致按时间先后排序。

既然是掌故，真实为第一要务，因而每则故事的编写，都参考了多个出处，相互参证，取其最可信者。行文方式,尽量平铺直叙、就事叙事,只讲故事,不加评论。故事中所涉及的是非曲直、成败得失,或进步或落伍,或高尚或卑微,见仁见智,一并留待读者自己评判。

目 录

・办学篇・

京师同文馆招生难～3

李鸿章等不及"二十年见效"～4

盛宣怀释南洋公学校名～5

孙家鼐奏京师大学堂"废不得"～6

东吴大学中文校名的由来～7

张百熙跪请吴汝纶～8

两个山西大学堂之争～9

张百熙修改钦定大学堂章程～10

从震旦到复旦～12

姚宏业为中国公学投江自尽～13

同济医工学堂"三・一七"事件～14

陈树藩低价售地助建燕京大学～15
曹锟以大老粗作风办理河北大学～16
毛泽东创办湖南自修大学～17
陈嘉庚与邓萃英的分歧～18
张学良回报张伯苓的"一言之力"～19
张伯苓用"粪水"浇"鲜花"～20
王永江无视日方压力创办东北大学～21
从厦大到大夏～23
北京大学的"脱部"事件～24
冯庸创办冯庸大学～25
戴季陶出长中山大学先破后立～26
罗家伦力争清华大学为国立～27
马君武空手而归诗讽张学良～28
教育部致北平师范大学的《训令》～29
竺可桢出长浙江大学的三个条件～31
熊庆来出长云南大学的一揽子要求～32
龙云对西南联大的矛盾心理～33
钱子宁助同济大学迁校李庄～34
龙云审讯写控告信的西南联大学生～35
毛泽东带头捐建中国女子大学～36
大夏大学反对教育部擅改校名～37
张含英临危受命出长北洋大学～38
张伯苓"被辞"南开大学校长～39

钱穆虚拟高薪创办新亚书院～40

·治校篇·

严复在复旦公学的功过～45

暨南学堂的"家庭学堂制"～46

蒋百里为办学经费以死践诺～47

陈宝泉在校门口竖整容镜～48

何燏时择机高调辞职～49

周诒春受内外夹攻无奈辞职～50

蔡元培精心打扮陈独秀的履历～51

蔡元培在北京大学移风易俗～52

燕京大学的非正式职员傅泾波～53

蔡元培视保护学生为己任～54

方还的额外要求被杜威夫人婉拒～55

蒋梦麟低调代理北京大学校长～56

李登辉拒开复旦女禁～57

陈时礼遇黄侃～58

张鸿烈未满足冯友兰的"事功"愿望～59

曹云祥借胡适之力请出王国维～60

匡互生感化小偷～61

张伯苓的疑问令李济不快～62

石瑛接见学生代表～63

罗家伦大力更新清华师资～64

陈裕光忍痛解聘赛珍珠～65

复旦"东宫"每年开放一天～66

"前国立武汉大学校长王雪艇先生之墓"～67

杨亮功立规矩禁止学生进异性宿舍～68

罗家伦对马约翰先降后升～69

德本康夫人回应金陵女大"老姑娘现象"～70

徐悲鸿三顾茅庐礼聘齐白石～71

吴贻芳设专间方便学生约会～72

校长朱家骅不认识系主任曾昭抡～73

王兆荣铁腕整顿川大学风～74

胡庶华的"十条告诫"和"十条人格标准"～75

司徒雷登视学生请愿为教育的成功～76

任鸿隽得罪川籍教授被迫辞职～77

蒋梦麟苦口婆心劝学生复课～78

萨本栋反对夫妻二人同校任职～80

罗家伦疏散学生有如神助～81

中央大学迁渝"鸡犬同书共一船"～82

竺可桢不计较马一浮的傲慢～83

何炳松主持陈立夫讲座从容应对教师责难～84

胡适保释进步学生～85

梅贻琦巧妙保护被通缉的学生～86

杨钟健明暗两手将西北大学留在西安～87

傅斯年在台湾大学的尚俭布告～88
王亚南因偶然机会捞回陈景润～89
匡亚明冒险聘任于省吾～90

·授课篇·

李善兰扶病上堂口讲指画～95
黄摩西讲课时前三排无人敢坐～96
钱玄同拒不判卷～97
辜鸿铭课堂约法三章～98
辜鸿铭讲授"洋离骚"～99
吴梅教词曲讲唱并用～100
陈定谟的课堂暗号"You see"～101
邱宗岳一堂课换来一座楼～102
熊十力在家授课～103
胡刚复提着实验箱奔波于宁沪两地～104
瞿秋白每次上讲台都很突然～105
陶行知武汉上演鸡吃米～106
杨石先课堂上罕见的幽默～107
王国维课徒在家在校判若两人～108
赵元任开给学生的《语条儿》～109
梁启超不怕听课的学生越来越少～110
叶公超布置学生英译《怨情》～111

黄侃在北京师大每课以批钱开场～112

陈岱孙自律用中文讲课～113

中央大学的"三不来教授"～114

鲁迅在中山大学的第一课～115

陈寅恪的"四不讲"～116

林语堂首堂课请学生吃花生～117

沈从文第一次上课怯场挂黑板～118

"刘体 f"～119

黄际遇兼授数学中文两系专业课～120

梁实秋上课一分钟也不浪费～121

钱穆在课上批"疑古玄同"～122

刘半农用数学讲解古声律学～123

郁达夫兼课之江文理学院～124

黄侃在金陵大学的最后一课～125

钱玄同释开口、闭口音～126

闻一多借用算术讲解艺术～127

章用把黑板挂在胸前授课～128

丰子恺在桂林师范的"最后一课"～129

王淦昌牵羊去上课～130

陈岱孙停课赏雨～131

金岳霖的逻辑课"语无伦次"～132

刘文典月下讲《月赋》～133

蒙文通以茶馆为教室和考场～134

杨武之板书写错一字当堂自罚～135
顾随讲诗妙语通玄～136
朱光潜讲授英诗泪流满面～137
金岳霖与周礼全的师生辩论课～138
梁思成直到期末才发现全班皆旁听～139

· 育才篇 ·

严复自掏腰包奖赏王恺銮～143
蔡元培推荐许德珩译书半工半读～144
陈时放手恽代英任学报主编～145
黄侃命陆宗达重复标点三本《说文解字》～146
袁嘉谷赞浦光宗论文"所得不少"～147
王国维为姜亮夫定题诗骚联绵字考证～148
饶毓泰聘大三学生吴大猷兼任助教～149
闻一多破格录取臧克家～150
陈寅恪批语"孙陈不可比"～151
胡适和杨鸿烈、马君武都看好的满分学生～152
胡适以分数预测学生前程～153
吴有训特许钱伟长试读一年物理系～154
顾颉刚激赏质疑自己的谭其骧～155
沈从文辅导李云鹤写作～156
陈寅恪出对子招考中文系学生～157

吴承仕面试广招进步学生～158

陈达给冒犯自己的学生最高分～159

汪辟疆特准盛静霞以诗作代论文～160

林可胜口试吴阶平～161

余嘉锡训斥"不知好歹"的来新夏～162

刘文典指望陶光成为"老师吹牛的本钱"～163

吴大猷慧眼识杨、李～164

金岳霖特许张源潜免考～165

熊十力填食训徒～166

陈望道破格录取张啸虎～167

金岳霖给异见论文判高分～168

叶企孙破格推荐李政道留美～169

张奚若破天荒给张翰书满分～170

马思聪破格录取林耀基～171

·师生篇·

章太炎"谢本师"与被"谢本师"～175

南洋公学的"墨水瓶事件"～176

马相伯收留被通缉的于右任～177

顾颉刚、吴奎霄交头接耳考进北京大学～178

舒新城冒名顶替考入湖南高师～179

南洋学生驱赶保皇派辜鸿铭～180

张申府发起"不考试运动"～181

梁实秋的手工作业令老师哭笑不得～182

陈独秀化解萧劳之困～183

傅斯年对胡适网开一面～184

学生逼朱宗莱弃教《文心雕龙》～185

方东美当堂对老师指谬～186

傅斯年批马叙伦的《庄子札记》～187

辜鸿铭与罗家伦当堂互怼～188

马非百入读北京大学的"三把火"～189

辜鸿铭见到教室里有女生大惊失色～190

林语堂给刘和珍准假～191

王力破格报考清华研究院～192

顾颉刚绝交爱徒何定生～193

萧涤非记录整理黄节的讲课笔记～194

黄侃对弟子的古怪要求～195

"教我如何再想他"～196

胡适对吴晗的赏识与惋惜～197

邓广铭听讲记录成就周作人著作～198

闻一多"挥泪斩马谡"得罪学生～199

金岳霖资助殷海光就读北平～200

苏步青以"辞职"保学生～201

邓之诚请酗酒的学生再喝一杯～202

中央大学的"八宝饭"～203

刘文典设计学生宿舍摆设百密一疏～204

吴宓怒砸"潇湘馆"～205

陈望道重考王洪溥还其清白～206

陈之佛手抄考生试卷全文～207

谢国桢宽恕喻松青～208

· 师友篇 ·

许炳堃荐沈尹默任教北京大学～213

陈独秀盛邀胡适到北京大学当教授～214

李大钊落实毛泽东当图书馆助理员～215

林语堂收到的"北大预支工资"～216

张竞生声援谭熙鸿续弦妻妹～217

胡适维护怪才缪金源～218

梁启超力荐陈寅恪任教清华研究院～219

钱玄同对高步瀛以德报怨～220

鲁迅拒绝与顾颉刚共事～221

胡适暗助沈从文师生恋～222

洪业建议续聘邓之诚～223

顾颉刚荐钱穆任教燕京大学～224

傅雷为了张弦与刘海粟绝交～225

林损被校方解聘迁怒于胡适～226

胡适化解学生驱逐梁实秋事件～227

容肇祖的临大教授嵌名诗～228

钱锺书蹊跷脱离西南联大去蓝田师院～229

只有小学文凭的金克木任教湖南大学～230

李约瑟与石声汉的诗和～231

郑天挺用半截墙缓解蒋、周两家矛盾～232

陈垣调侃启功的谢绝信值三十元～233

郑天挺、傅斯年劝阻蒋梦麟未果～234

傅斯年荐胡适出长北京大学～235

郑天挺被调南开大学很顾虑～236

束星北为苏步青被诬动粗～237

胡适资助陈之藩留美～238

・学风篇・

总教习钟荣光注册本校兼做学生～243

陈汉章不当教授改做学生～244

罗忠忱残酷的每周一考～245

湘雅医校的"荣誉诚实制度"～246

北京大学济济一堂的"偷听生"～247

"协和毕业的"与"协和出来的"～248

胡适主动到场恭听梁启超批胡～249

陶行知改"教授法"为"教学法"～250

叶企孙应需研究本校大礼堂回音问题～251

11

陈寅恪的"有""无"和"非无"～252

戴季陶与学生考证孟姜女当众大哭～253

萨本栋编撰《普通物理学》中文教科书～254

"张凤可杀，方法不朽"～255

蒋廷黻更新清华历史系～256

梁宗岱好辩成癖～257

吴组缃宁可中断学业也不改变观点～258

陈岱孙在学术上惜墨如金～259

陈垣主张文章精练且不加注～260

北大中国通史课从"不通"到"通"～261

交通大学流行三分之一不及格～262

胡适赠给哲学系学生的"防身工具"～263

钱学森主动认错扣分～264

胡适棒喝罗尔纲～265

刘文典的"观世音菩萨"五字诀～266

金岳霖释"可靠的思想"～267

叶圣陶鼓励学生心有旁骛～268

周培源因战时需要改变研究方向～269

傅斯年不许学生三十岁前发表文章～270

吴有训评阅考卷一丝不苟～271

熊十力和冯文炳君子动口又动手～272

金岳霖"赞扬"艾思奇"符合形式逻辑"～273

张景中收到的"读者来信"～274

· 风范篇 ·

颜永京拒当帝师～277

大同大学教职员在创校初期不领薪金～278

蔡元培《不愿再任北京大学校长的宣言》～279

毛彦文登报质问陶行知～280

蔡元培不承认是"男校代表"～281

张彭春为名剧《国民公敌》改名～282

钱基博拒聘高官推荐的支伟成～283

刘文典顶撞蒋介石～284

赵元任两拒校长职～285

叶企孙让贤吴有训～286

山东二师上演《子见南子》惹风波～287

胡适因言获罪辞中国公学校长～288

李登辉拒绝朱家骅当校董～289

清华师生阻止乔万选进校～290

胡适谢绝北京大学兼课薪酬～291

张继监誓失言激怒清华师生～292

清华师生发声驱赶吴南轩～293

胡敦复严令儿子读大同～294

马君武自定校长薪酬低于教授～295

梅贻琦掌管清华基金不苟分文～296

白鹏飞主持演讲会阻止褚民谊耍威风～297

潘光旦招生不徇私情～298

萨本栋不拿招生做交易～299

"哪有老师去见学生的道理"～300

费巩兼任训导长的两个条件～301

狂狷不羁胡先骕～302

西南联大"双肩挑"教授辞谢特别办公费～304

雷海宗放弃赴美讲学改善生活～305

李长之不识部长抬举～306

张奚若拒绝参加国民参政会～307

交大学生开火车去请愿～308

费睿思批改学生造句引发反美运动～309

傅斯年的最后一笔"稿费"～310

华岗与同事自费创办《文史哲》～311

傅鹰的"三部曲"～312

马寅初"不在乎洗热水澡～313

陈寅恪对周扬诉学生编教材之弊～314

台静农邀聂华苓到台大中文系授课～315

·域外篇·

黄宽与容闳在英美之间的选择～319

半途而废的幼童留美～320

戈鲲化：第一位登上哈佛教坛的中国人～321

金韵梅奇特的留美经历～323

哥伦比亚大学丁龙汉学讲座的由来～324

丁文江与同学一路坎坷由日转英～325

梁诚智促美国退还部分庚款以兴学～326

早稻田大学的《鸿跡帖》～328

蔡元培不惑之年自费留学莱比锡～329

穆尔特事特办促成顾维钧提前博士毕业～330

胡适回信讥弹书记员～331

康奈尔大学留学生创办《科学》月刊～332

胡适迟到十年的哥伦比亚大学博士学位～333

达仰指点给徐悲鸿作画的灵魂～335

瞿秋白兼课莫斯科东方大学～336

徐志摩《再别康桥》～337

刘湛恩当场质问美国总统～338

洼田忠彦对苏步青的冷酷指导～339

梅贻琦批准浦薛凤半公费～340

胡适参加哈佛校庆深受刺激～341

华罗庚不要"博士"要博学～342

胡适婉拒哈佛大学任教邀请～343

卢鹤绂携带超重资料登机回国～344

侯仁之号召留英同学回国参加建设～345

巫宁坤劝李政道尽快回去～346

赵元任在普林斯顿大学倒唱如流～347

吴家玮过五关被选为加州大学校长～348

宾夕法尼亚大学补授林徽因建筑学学位～349

办学篇

京师同文馆招生难

鸦片战争之后国门洞开，培养翻译人才已成刚需。1861年，恭亲王奕䜣奏请开办京师同文馆，拟招收聪慧子弟以培养"认识外国文字、通解外国言语之人"。此议一经提出，便遭到大学士倭仁的猛烈攻击，被斥之为"上亏国体、下失人心"之"奇耻大辱"，由此在朝野引发了一场激烈论战。论战终以奕䜣胜出，京师同文馆遂于1862年夏秋之际正式开办，但由于科甲正途观念根深蒂固，也由于反对派首领倭仁在社会上深孚众望，因此无论是知识阶层还是草根阶层，都视以夷为师、学习夷语为歧途和畏途。京师同文馆在开办之初，尽管费尽九牛二虎之力在全国范围内动员，但报名者只有区区98人；馆方好不容易矮子里拔将军初选了30人，可进一步甄别后发现，这30人中的大部分，文化基础仍然太差，不堪造就，最后，实际只录取了10人。由于人数极少，同文馆的学生因祸得福，待遇奇好，不仅不收学费，每年还发给膏火30至50两银不等，考试优等者更是"奖赏无定数";伙食全部免费,六人一桌,四大盘六大碗,夏天另加一大海,冬天另加一火锅;更奇特的是,学生每有亲朋好友来访,也可以留饭,随意点菜,同样都免费。

李鸿章等不及"二十年见效"

英国传教士李提摩太 1870 年来华传教,在中国社会有较大的影响。1887 年底,李提摩太到天津,向直隶总督兼北洋通商大臣李鸿章献策:政府每年拨出 100 万两白银,开办新型学校,特别是开办新型大学,培养掌握新知识的现代人才。李鸿章听了李提摩太的计划后冷冷地说,政府承担不了这么大一笔开销。李提摩太不灰心,继续游说李鸿章,以西方诸强为例,言称新型大学和教育改革对中国社会发展的重要性,并称那是"种子钱",必将带来"百倍的收益"。李鸿章似乎有点动心,问"需要多少年才能收益",李提摩太很乐观地答曰:"大约需要二十年,中国必能看到实施新型教育带来的极大好处。"李鸿章沉思片刻,很悲观地叹曰:"啊!二十年！我们等不起那么长的时间。"

盛宣怀释南洋公学校名

盛宣怀 1895 年创办天津中西学堂（后改名北洋大学堂），次年调任铁路总公司督办大臣，移足上海，他鉴于上海特殊的经济社会地位，有意在沪上创办一所与天津中西学堂同中有异的新式学堂。1896 年 10 月，盛宣怀奏《条陈自强大计折》，在附折中将这所新学堂定名为"南洋公学"。1997 年初，南洋公学在上海徐家汇正式创办。这所新学堂的校名，"南洋"系地理之谓，与"北洋"相对应，好理解；而"公学"之意，时人多有疑问。盛宣怀从两个方面对此作了解释：一者，这所新学堂创办初期的经常费"皆招商、电报两局所捐"，每年十万两银元，盛宣怀认为"西国以学堂经费半由商民所捐、半由官助者"皆为"公学"；二者，盛宣怀希望上海新学堂的设学宗旨与北洋大学堂有所区别：北洋大学堂以培养实业技术人才为主，而上海新学堂则以培养政务、商业、外交人才为主，类似于"法兰西之国政学堂","取国政之义,以行达成之实"。

孙家鼐奏京师大学堂"废不得"

1898年创办的京师大学堂是戊戌变法的产物,变法失败后,取缔大学堂的呼声日见高涨,慈禧太后忌惮大学堂系维新派倡办,也有取缔之意。情急之中,管学大臣孙家鼐"跪奏",力陈大学堂"废不得"。孙家鼐的努力显然起到了作用,慈禧谕旨:"大学堂为培植人才之地。"大学堂终于"得不废",于当年12月31日开学。1899年1月,孙家鼐再上《奏大学堂开办情形折》,称颂上谕"圣鉴广远,乐育弥宏",同时又重申大学堂的意义,以巩固圣意。然而,取缔的呼声并未平息。1899年5月,陕西道监察御史吴鸿甲上奏慈禧,罗列京师大学堂四大罪名:原议招五百学生,实招130人,习西学者不足百人;聘用教习28人、提调12人、职员40余人、听差80多人,人浮于事,提调薪俸竟高于京官六七倍,耗资巨大;课业评分标准不妥,提调管教不当,膳食办不好,常酿学潮;体育课教授徒手体操,"犹如优伶卖艺者,有失体统,且易致伤,纯属胡闹"。慈禧偏听偏信,有所动摇,并指责孙家鼐"时滋物议","办法未得指归,殊失朝廷实事求是之意"。孙家鼐深感不平,据理力争,对吴的指控一一予以辩驳,同时提出整顿计划,表态"惟有认真整理,以仰副朝廷作育人才之意"。在孙家鼐的力保之下,大学堂有惊无险得以继续开办。但经此折腾,孙家鼐本人心灰意懒,加之不满光绪被废黜,便请长病假离开了这个是非之地。

东吴大学中文校名的由来

美国基督教监理会于1895年在苏州开办宫巷书院,短短几年间,书院办学成绩斐然,学生人数增长很快,创办者鉴于此,计划在书院的基础上办大学。1900年夏秋之交,监理会传教士林乐知和美国驻沪总领事联名给两江总督刘坤一去信,述及在苏州创办大学的计划,他们将大学的英文名定为"Soochow University",请求总督同意并支持。刘坤一是晚清洋务和新政的干将,当时正倡言兴办学堂、引进西学，因此很快就对林乐知的计划做出了"善意的反应"，他在复信中告诉林乐知，他将训令驻在苏州的江苏省当局为监理会创办大学购置土地提供便利，并在可能情况下为他们所需要的其他任何事宜予以合作。意犹未尽，刘坤一在结尾处还兴致勃勃地附上一句美好的祝愿："总有一天，你们学校的毕业生将是东吴的桃李！"林乐知受刘坤一这句话启发，感觉"东吴"一词恰到好处地体现了这所新大学的地理位置和文化特质，于是，"东吴大学"就成为这所新大学的中文校名。

张百熙跪请吴汝纶

庚子之乱过后，京师大学堂复办，物色总教习成为当务之急。1901年底，管学大臣张百熙奏曰："大学堂之设，所以造就人才，而人才之出，尤以总教习得人为第一要义，必得德望具备品学兼优之人，方足以膺此选。"张百熙在奏折中推荐了桐城派领袖吴汝纶，"惟前直隶冀州知州吴汝纶，学问纯粹，世事洞明，淹贯古今，详悉中外，足当大学堂总教习之任。"1902年初，慈禧太后谕旨准奏。张百熙迅即前往拜见吴汝纶，说明原委，不料吴汝纶以学浅年迈为由坚持不就，张百熙情急之下，不顾自己清廷重臣的身份，竟然跪在吴汝纶面前不起，恳求道："我为全国求师，当全国生徒拜请也，先生不出，如中国何！"吴汝纶见张百熙诚恳至此，只好允诺了，但他以为，日本明治维新以后国力迅速强盛，功在教育，因此要办好中国的京师大学堂，必须借鉴日本，于是吴汝纶提出一个条件：在出任总教习之前，赴日本考察教育。当年5月，吴汝纶率有关人员东渡日本考察，两个月后回国，即到京师大学堂就任总教习。

两个山西大学堂之争

在华的英国传教士李提摩太1901年应清廷之邀，协助处理山西教案的善后。作为善后举措之一，李提摩太建议从教案赔款中划出50万两白银，每年支付5万两，在太原建一所西式大学，为山西的年轻一代提供现代知识教育。清廷乐见其成，同意了这一议案，并将基金掌管、教授聘任及课程设置全权交付给李提摩太，建设期定为十年。然而，李提摩太一行人1902年初春到达太原时，却发现山西地方政府已着手在太原筹办一所以传授传统中学为主的大学。李提摩太认为，对于山西这样的省份来说，同时创办两所大学会造成资源浪费，也会产生不良竞争，因此他向山西巡抚岑春煊提议，将筹办中的两所大学合二为一，集中力量建一所大学。岑春煊赞同李提摩太的提议，但盘根错节的山西地方势力却竭力反对，双方僵持不下。最后还是岑春煊拍板，批准合办大学的计划，然而拟定的学校章程却定了一个折中的办法，将这所大学分为两个相对独立的部分：中学专斋和西学专斋；中学专斋授以中学，由中国人管理，西学专斋授以西学，由李提摩太负责。1902年5月，由双斋组成的山西大学堂正式创立。

张百熙修改钦定大学堂章程

1902年由张百熙主持制定《钦定京师大学堂章

程》，该章程规定的办学宗旨是：大学堂以"激发忠爱""谨遵谕旨""端正趋向，造就通才"为"全学纲领"，"以伦常道德为先"；章程第三节还明文规定："所有学堂人等，自教习、总办、提调、学生诸人，有明倡异说，干犯国宪，及与名教纲常相违背者，查有实据，轻则斥退，重则究办。"本就守旧、落后的大学堂章程，还由于将经学科并入文科而没有突出其地位，因而被保守派视为过于"激进"，受到保守派的猛烈攻击。随后，清廷委派荣庆和张之洞协助张百熙对钦定章程进行修改，以对钦定章程的"激进"进行纠偏。虽说三人共同主持，实际仍由张百熙主其事。修改后的章程于1904年颁布，即《奏定大学堂章程》。意在纠偏的《奏定大学堂章程》虽然突出了经学科的地位，将其置于八科之首，但是却更加激进地删去了钦定章程中最守旧的内容，不仅在立学宗旨中删去了"激发忠爱""以伦常道德为先"等条，而且将整个第三节全部删除。《奏定大学堂章程》比之《钦定京师大学堂章程》不仅没有纠正"激进"，反而变得更加"激进"了。

从震旦到复旦

马相伯自幼就读于教会学校,信奉天主教。1900年,马相伯将祖传良田三千亩捐献给耶稣会以在上海开办中西大学堂,他的想法是"托耶稣会团体,以期长久"。耶稣会垂涎这笔捐献,但对办学却不甚热心,马相伯对他们很失望,于是亲自出马,于1903年春借徐家汇天文台的空房为校舍,创办了震旦学院。1905年,创办仅两年的震旦学院声誉日隆,教会方面见有利可图,谋取接管学院,他们借口马相伯年迈体弱,逼迫马相伯住院养病,同时任命法国神父南从周署理院务。南从周掌院后尽改旧章,突出宗教性,企图改变学院性质,震旦学生对此义愤填膺,拒不从命,全院132名学生竟有130人签名集体退学,马相伯也随同辞职,在沪上引起巨大反响。随后,马相伯与退学学生合议另组学校,他们将这所新学校取名为"复旦公学",并且在报上发布了"更名复旦公学"公告。严复代表校董会发布了《复旦公学募捐公启》,赢得社会广泛同情和资助，两江总督周馥将行辕的部分公房借给他们做临时校舍，并拨银一万两作为办学经费，1905年9月14日，复旦公学正式开学。

姚宏业为中国公学投江自尽

因抗议日本政府颁布《取缔清国留日学生规则》，姚宏业等三千余名中国留日学生于1905年底被日方退学。被日方退学的留学生回国后，为了继续学业，由姚宏业等人召集，拟在上海筹建中国公学，姚宏业自任最艰难的总务一职，负筹集办学经费之责。中国公学开办不久，经费无着，处境维艰，虽有姚宏业等人苦撑危局，但倒闭、解散的危险随时都可能发生。为唤起国人对公学的重视，姚宏业于1906年3月3日留下遗书投黄浦江自尽，年仅25岁。遗书写道："我今者蹈江死矣，将永与君等别矣。我之死，为中国公学死也。为中国公学死，即不啻为我国四万万同胞死也。……我愿我四万万同胞中之官、之绅、之兵、之士、之农、之工、之商皆曰无学、无识、无才、无勇于某某者，其临死之言可哀也，而贵者施其权，富者施其财，智者施其学问，筹划以共，维持辅助我中国公学，即向来仇视我公学，诽谤我公学，破坏我公学者，我亦愿其哀我临死之言，幡然改悔，将仇视、诽谤、破坏公学之心，尽移于我既死之意伤心人之身，则我虽死之日，犹生之年矣。嗟嗟！碧海无边，未尽苌弘之血，白人入室，难冥伍胥之眸，我死后如有知也，愿此一点灵魂与中国公学共不朽！"

同济医工学堂"三·一七"事件

上海同济医工学堂由德国人开办。1917年3月14日，中国对德宣战，3月17日，上海法租界当局以同济医工学堂是敌国资产为由，派兵封锁校园，强行封校，此即"三·一七"事件。事件发生后，学堂师生一面抗议租界当局的暴行，一面到政府各部门交涉，要求国人收回学校办学权。在社会各界支持下，经教育部同意，学堂于3月下旬迁往吴淞，同时组建了由华人沈葆三、沈恩孚、虞洽卿等组成的校董会，并由校董会推举阮尚介担任校长。阮尚介接到通知后，于4月10日到上海就任，经过他几天的奔波，学堂终于在4月16日正式复课。在阮尚介的提议下，校董会制定了《私立同济医工专门学校学则》，确定"本校以教授高深学术、养成专门人才为宗旨"，同年底，学堂以"同济医工专门学校"校名在教育部正式立案，此即为同济大学的前身。

陈树藩低价售地助建燕京大学

司徒雷登1918年底离开金陵神学院，到北京负责筹建燕京大学。为了给新校找一块理想的校址，他几乎跑遍了北京城，最后看中了西山脚下、清华学校对面称作"勺园"的地块。这块地原是清朝的一个王府，后来成为陕西督军兼省长陈树藩购置的私产，名肄勤农园。1919年盛夏时节，司徒雷登去西安面见陈树藩，他的心理价位是30万大洋，并且做好了谈崩的几个预案。当司徒雷登见到陈树藩说明来意后，陈树藩很热情地接待了他，很爽快地以6万大洋的低价将那地块中的40英亩卖给燕京，并且还将此款中的2万大洋捐给燕京作为寒苦学生奖学金。当然陈树藩也是有条件的,一是在勺园为其父立一块碑,二是将其创办的承德中学收为燕京大学附中,三是燕京大学每年得接受承德中学50名保送生。后来,燕京大学在建校过程中渐渐向四周扩张,面积远远突破了40英亩。消息传到陈树藩的耳朵里,他始终未置可否,睁一只眼闭一只眼,居然让此事就这样过去了。最后,新建的燕京大学校园,实际占地面积大约为200英亩。

曹锟以大老粗作风办理河北大学

1921年,身任直隶督军兼省长的曹锟创办了直隶河北大学,并自兼董事长。曹锟苦于自己没文化,所以对文化人倒比较敬重,在大学创建过程中,他常对经办人说,我就是一个推车卖布的老粗,不懂大学的事,办大学还得靠教授。曹锟派了自己的一些亲信如副官马弇到大学任职员,他一再叮嘱手下这些人:"派你们到大学去,是去伺候教授的,不是让你们去指挥他们的。"曹锟也常去学校视察,每去,他就在教授休息室候着,对课后来休息的教授嘘寒问暖。大夏天，曹锟命校工把毛巾送进教室让教授擦汗，后来还命校工在教室里装铁柜，将冰块放进去降温。每逢发薪日，曹锟嘱咐会计必须用红纸将大洋包好、用托盘托着一一送到教授手上。曹锟喜欢对学生训话，他最狠的一句训话是"这些教授都是我辛辛苦苦请来的，如果谁敢对教授无礼，我就要谁的脑袋。"

毛泽东创办湖南自修大学

1920年1月，暂居北京的长沙修业小学历史课教员毛泽东，在报上看到两则关于北京大学教授胡适在天津讲演的报道，一则是胡适在天津觉悟社讲演"工读互助"问题，提倡青年在"自修大学"里"自修学业"；二则是胡适在天津青年联合会演讲"非个人主义的新生活"，主张青年自立互助。毛泽东阅后深受启发，萌发了在长沙创办自修大学的想法。1月15日，毛泽东登门造访胡适，向胡适介绍了自己的办学计划，说是要按照胡的倡议回长沙去，用船山学社旧址作校舍，创办一所自修大学。毛泽东将自拟的"湖南第一自修大学章程"递给胡适，请胡适修改指教。胡适很赞赏毛泽东的计划，热情予以鼓励。过了两天，毛泽东再次来到胡家，取回胡适修改过的章程稿，同时向胡辞行。毛泽东一回到长沙，就给胡适发了一张明信片，一是致谢，二是请求胡适继续支持，"将来湖南有多点须借重先生"。随后，毛泽东按预定计划开始创办湖南自修大学。

陈嘉庚与邓萃英的分歧

1920年10月，经陈嘉庚提议，厦门大学筹备委员会推举邓萃英为首任校长。邓萃英到任后，不到半年就辞职了，其中主要原因，在于办学理念及行事方式与陈嘉庚有分歧。一是邓萃英没有按照原先的契约"辞去教育部参事"一职，所以邓萃英就任厦大后，还经常跑北京，将校务留给教务长和总务长二人办理。陈嘉庚倾囊办厦大，需要一个专心致志办学的校长，邓萃英一心二用，陈嘉庚颇失望。二是邓萃英上任后不久，向陈嘉庚提议，除建筑校舍等费用外，将其余款项投资东三省地产以扩充厦大财源，并表示自己愿亲去东三省办理此事。陈嘉庚不赞成把办学经费拿去投机冒险，否了邓萃英的提议。三是邓萃英有一次从北京带回一块镌有大总统徐世昌题有"热心教育"四字的额匾，陈嘉庚颇不以为然，认为邓身为校长不购置图书仪器，却带回这么一个摆设，陈嘉庚嘱人将这块额匾搁在库房里，不同意悬挂出来。双方芥蒂既生，邓萃英的去职只是一个时间问题。1921年4月底，厦大一批学生针对校务闹了一场学潮，邓萃英遂于5月正式提出辞呈，陈嘉庚也没有挽留他。

张学良回报张伯苓的"一言之力"

1916年10月底，南开学校校长张伯苓应沈阳基督教青年会邀请，作了题为《中国之希望》的讲演，张伯苓慷慨陈词："中国不亡吾辈在！""每个人都要自强，只要人人有了自我，中国就亡不了。"听众之中便有少年张学良，张伯苓的一席话，对于这位富家子弟犹如当头棒喝。此后，张学良一直感念张伯苓的这次演讲,并自称是"南开的学生"。1928年底,张伯苓赴欧美考察教育并为南开大学募捐,途经沈阳,张学良两次邀请张伯苓畅谈,并决定捐助南开大学20万银元作为发展基金。1930年秋,张学良又命令东北军控制的天津警备司令部,划拨小站营地约千亩稻田给南开大学经租,租金用作南开大学的办学经费。这年12月10日,张学良与随从人员分乘八辆小汽车到天津八里台考察南开大学,在张伯苓主持的欢迎仪式上,张学良发表"训词",多次提及张伯苓1916年演讲对自己的影响:"予之有今日,张校长一言之力也。""予之所以有今日,实亦南开之赐!"1996年4月5日是张伯苓120周年冥诞,南开校友总会请定居夏威夷的张学良题词,95岁的张学良欣然命笔"桃李满天下"。

张伯苓用"粪水"浇"鲜花"

1915年前后,张伯苓曾有两次创办高等学校的尝试,均应经费问题未能成功。1917年,张伯苓前往美国哥伦比亚大学师范学院进修教育学,次年回国，再次决定创办高等教育，于1919年开办南开学校大学部，不久将大学部改制为南开大学。因系私立，南开大学的办学经费始终很拮据，经常处于朝不保夕的窘境。张伯苓发誓决不让这次努力再失败，万般无奈之下，他将募款的目光转到退居天津的那些军阀政客和清室宗亲身上。张伯苓以其热情和毅力，还真打动了不少遗老遗少，短短几年内获得的捐助颇丰，光那些北洋军阀对南开大学捐助的大洋就达到150多万元，这对私立的南开大学不是一笔小数目。可是，南开一些天真的学生不谙世事，很反感学校向封建遗老遗少募款，喊出了"不要军阀臭钱办南开"的口号。张伯苓很理解学生的心情，但也别无他计，因此他召集学生开会，对他们好言相劝，张伯苓解释说："粪水虽臭，却不妨碍它也能浇灌出鲜花。"

王永江无视日方压力创办东北大学

王永江1922年任奉天省长，计划创办东北大学，当时日本驻奉天总领事劝告他说："办大学很不易，又费钱，又没人。你们要读理工科，我们有旅顺工专；你们想读医科，我们也有南满医科大学；你们要读文法科，也可以到我们的帝国大学去留学，日方可给以官费补助。你们何必自找麻烦办大学呢。"王永江不理会日方的劝告，还加快了建校速度。东北大学于1923年7月正式开学，王永江自兼校长，他放言，"必须提高教学质量，使东北大学成为第一流的高等学府"，以期"与日本之帝国大学并驾齐驱"。建校之初，学校很难请到外省知名教授，原因是东北大学薪俸发的是奉票，外省教师觉得奉票无法流通。王永江了解情况后，多方筹划资金，决定教授的薪金一律用银元发给，并明令"不得拖欠"。王永江拨出三百多万元建东北大学实习工厂，从德国购进大批机器设备，有人担心地说：花这么多钱买这么多新机器，让学生乱摆弄，弄坏了多可惜。王永江回曰："为长远计着想，非得让学生摆弄不可；不让他们摆弄，他们怎么会懂得这些机器的性能与制造？"短短数年，东北大学脱颖而出，连当初持怀疑态度的日本人也不得不承认："东北大学的实验设备是第一流的，教授薪酬也比国立大学高出许多。这是一所优秀的大学。"

从厦大到大夏

林文庆任厦门大学校长后,一心办学,劳苦功高,但他复古尊孔,为师生反感。1924年4月6日,林文庆在校庆集会上发表演讲,重申推崇孔孟之道,引发学潮,酿成"驱林"运动。林文庆以硬碰硬,先是开除带头闹事的几个学生,又于5月底辞退了教育科主任欧元怀、商科主任王毓祥和注册科主任傅式说等四位教师,导致学潮进一步升级。校学生会召集全体学生大会,要求林文庆解释辞退四位教师的理由,林文庆强硬地说:"学校辞退三主任及教员,确有理由,唯不容宣布,且永久不能宣布。诸位对学校不满者,尽可自便,转学他校。厦大即至解散,亦决不徇学生之意思。"林文庆的固执态度,引发了全校大规模的罢课罢教,而校方则动用军警予以弹压。部分师生忍无可忍,于6月8日行离校宣誓礼,离开了厦大,其中部分师生在欧元怀、王毓祥、傅式说等人带领下来到上海,另行组建大夏大学,意指学校"自厦大嬗变而来,为光大华夏而立"。

北京大学的"脱部"事件

1925年春,北京女子师范大学发起驱逐校长杨荫榆的"驱羊运动",随后扩展成反对教育总长章士钊的"驱章运动"。8月,章士钊以高压手段镇压学生,下令停办女师大。此举激怒了北京各高校师生,尤以北京大学师生反应为烈。18日上午,北大评议会召开会议,由顾孟馀任主席,李煜瀛在会上提出了"北大脱离教部案",李煜瀛激愤地说:"章士钊摧残女师大,实为教育界罪人;学生反对章士钊,君侪亦应十二分援助,北京大学宜与教育部宣告脱离关系,一致驱章。"此案一出,评议会当即形成正反两方。反方理由是,评议会无此权力,教育不应卷入政潮旋涡。双方激辩三小时仍不得其果,12位评议员投票表决(主席照例不投票),结果6票赞成6票反对。按规定,在这种情况下由主席投最后一票,主席顾孟馀投出了赞成的一票,于是李煜瀛的"脱离教部案"得以通过。消息传出,北大教授也形成了两派,反对派人数较多,代表人物有胡适、陶孟和、颜任光等,他们于19日联署抗议书,抗议评议会"事先未征求教职员同人之意见","有越权自专,漠视全体教职员同人之嫌",并一再呼吁"本校应早日脱离一般学潮和政潮之旋涡"。反对派人数虽多,但由于评议会是大学的最高权力机构,因此"北大脱离教育部"宣言最终还是对外发布了。

冯庸创办冯庸大学

1926年,东北显贵、张作霖的结拜兄弟冯德麟去世,给25岁的儿子冯庸留下了310万银元的遗产。当时冯庸任东北军少将空军司令兼装甲兵司令,是张学良的左膀右臂,面对这笔遗产,冯庸做出了一个出人意料的决定:全数捐出创办一所私立大学。学校于1927年8月正式挂牌,定名"冯庸大学",校训为"自强不息,知行合一",冯庸自任校长兼训练总监。10月,冯庸大学正式开学,按计划招满了五个班,180多名学生。开学之日,张学良特意派部下送来一对汉白玉石狮,安放在学校大门口。冯庸办冯庸大学,有诸多独特之处,一是学校秉持公益性,旨在培养有先进思想、有卫国建国才能的新青年，学校不仅不收学费，学生吃住也都由学校全包；二是注重培养学生吃苦耐劳精神，强身健体，所有新生都要接受军训，每天都有军事课；三是学校拥有三架军用教学飞机和机场。1931年，学校设有机械、土木、法律等九个系，学生总数逾七百人。"九一八"事变后第三天，即1931年9月21日，冯庸被日军软禁，那天冯庸通过前来探望他的朋友带出一张纸条，纸条上只有"冯大师生速到北平"几个字。10月3日，冯庸在冯庸大学日籍教授的援助下被释放，他赶到北平与冯大师生会合，继续办学。直到1933年9月，随着经费告罄，冯庸大学难以为继，不得已并入当时也在北平的东北大学，冯庸大学就此结束了仅六年的历史。

戴季陶出长中山大学先破后立

1926年7月，广东大学改名中山大学，广州国民政府拟任命国民党元老戴季陶任校长。戴季陶于9月到广州，了解到中山大学校内党派关系复杂，争斗激烈，很犹豫，不肯接受校长任命，后经张静江、谭延闿一再劝说，才勉强答应。正式接手校务之前，戴季陶建议政府先下令解散中山大学，由他重组一所新大学，同时他还提了三个具体要求：一是暂时取消校长制，改行校务委员会制，由他本人担任委员长，顾孟馀为副委员长，丁惟芬、徐谦、朱家骅为委员；二是要求办一所"党化的大学"，主张"大学的政治训育""必以党化为原则"，而且"大学的一切科学研究，应造成科学的党化，俾一切科学的发展，皆能完全为革命的发展而存在"；三是要求学校的财政由政府和党中央共同负责。政府同意了戴季陶的意见，解除了经亨颐的代校长职务，任命了新的五人校务委员会，戴季陶出任委员长。10月17日，新中山大学举行校务委员会就职典礼，戴季陶这才正式走马上任。

罗家伦力争清华大学为国立

1928年8月，年仅31岁的罗家伦出任清华大学校长。清华大学当时由外交部和大学院共管，在国民政府的任命状上，明文所写罗家伦担任的是"清华大学"校长，而非"国立清华大学"校长，罗家伦对此感觉很不爽。他到任后，即草拟学校规程，坚持在"清华大学"校名之前加上"国立"二字。不料此举遭到外交部的反对，反对的理由是，清华系用庚款创办，加上"国立"前缀可能有违美国方面意愿。罗家伦怒怼外交部官员道："美国的赔款是退还中国来办学校的，这个钱本来是国库的钱，现在美国退还国库，我们为什么不能用'国立'二字？"罗家伦专程拜访了国民政府主席谭延闿，请谭延闿手书一张"国立清华大学"条幅，以此当作尚方宝剑对外交部施压。由于罗家伦据理力争，外交部也不再坚持成见，"国立清华大学"终于得到确认。

马君武空手而归诗讽张学良

"九一八"事变后不久，马君武任北平民国大学校长，他面临的最大难题是学校经费短缺，学校几乎难以为继。情急之中，马君武想起了一向出手大方的张学良，当时张学良刚从东北率部撤到北平，背负着"不抵抗将军"的骂名。信心满满的马君武到张家拜访,不料张学良拒不接见,搞得心高气傲的马君武很没面子。马君武心有不甘,几天后再赴张宅,在张宅外苦苦守候了一夜,终于逼出张学良一见。马君武刚说明来意,张学良就说:"现今军事费用,已穷于筹措,先生所需费用,实在爱莫能助。"马君武空手而回,心生怨恨,写了一首题为"哀沈阳"的诗,发表在11月20日《时事新报》上:"赵四风流朱五狂,翩翩蝴蝶最当行。温柔乡是英雄冢,哪管东师入沈阳。"讽刺的是张学良与赵四、朱五、蝴蝶等几位名媛的关系。这首诗显然意气用事,所讽之事也是捕风捉影,张学良对此直到耄耋之年还耿耿于怀:"我最恨的就是这首诗了。"

教育部致北平师范大学的《训令》

20世纪20年代末,随着督学制度的实施,教育部常常以下达训令的方式对各大学进行调控。如1934年7月4日教育部致北平师范大学的一则《训令》,《训令》开宗明义指出,"该校办理情形仍欠良好成绩,兹将应行改进各点提示于次";《训令》对北师大提出四点具体整改要求:一、"该校各方面,图书馆及礼堂均不合用,整套科学杂志极少……";"查该校职员,计达172人,校役工警228名,均嫌过多,应尽量裁减,并节省行政经费,以充作实验设备之用"。二、"该校教员135人,专任者仅37人,且专任教员,实际仍多在外兼课兼职。该校重要教员,且多有兼任他校院长系主任等职者,殊属不合,应加纠正,并尽量延聘专任教员,严定办法,限制校外兼课"。三、"该校研究所学生仅12名,而职员计有48人,月耗经费3800元,无何特殊设备,成立以来尚无成绩可言,该研究所应自下年度起停办,原有经费移供充实本科设备之用"。四、"该校主旨本为造就中等学校师资,学生品性之修养较他校尤为重要。嗣后该校对于训育工作,应特别注重"。《训令》最后强调:"以上各点,合行令仰切实遵办具报。"

竺可桢出长浙江大学的三个条件

1936年初,浙江大学校长郭任远因学潮而辞职。2月21日,蒋介石召见时任中央研究院气象所所长的竺可桢,要他出任浙大校长。竺可桢不想接这个烫手的山芋,借口与中研院院长蔡元培商议后才能决定,想拖一拖也许蒋介石会改变主意。几天后,蒋介石又让陈布雷出面动员,竺可桢拂不过蒋的面子,心想与其"抱明哲保身主义"任由浙大"陷于党部之手",还不如自己出山掌校,为家乡的这所著名大学做点实事。竺可桢在正式接受任命之前,向当局提了三个条件:一是财政需源源接济浙大;二是校长有用人全权,不受党政干涉;三是时间以半年为限。除第三条外,当局明确允准。1936年5月,竺可桢走马上任,在18日举行的校长就职典礼上,竺可桢宣誓,誓词为:"余敬宣誓。余恪遵总理遗嘱,服从党义,奉行法令,忠心及努力于本职。余决不妄费一钱,妄用一人,决不营私舞弊及接受贿赂。如违背誓言,愿受最严之处罚。此誓。"

熊庆来出长云南大学的一揽子要求

1937年夏，时任清华大学数学系教授的熊庆来应云南省主席龙云之请，出任云南大学校长。7月中旬，熊庆来抵达昆明，17日在五华山与龙云会面。寒暄过后，熊庆来对龙云不客气地提出了一揽子需要省府支持的重要事项，一是云南大学由"省立"改"国立"，二是将云大教职工的薪资提高到与国立大学相当的水平，三是省政府不得干预校务，四是校长有聘任、解聘教员之职权，五是学生入学须经考试甄别才能录取，不得凭条子介绍。出乎熊庆来预料的是，这位号称"云南王"的省主席，竟爽快地答应了他的所有要求。更让熊庆来想不到的是，龙云说到做到，在熊庆来长校的十余年间，龙云基本上没有干预云大的具体校务，相反，在云大报上来的各种请示报告上，龙云总是很快就批复"应准照办""如呈照准""应予通过"等等。

龙云对西南联大的矛盾心理

抗战全面爆发后,北大、清华、南开三校南迁至长沙,组建长沙临时大学,由于战事急转直下,1937年底,临时大学决定西迁昆明。消息传到昆明,云南省主席龙云的态度比较暧昧,怀有戒备之心,他出于维护地方稳定和自己权力的考虑,担心临时大学这样强势的外部机构进入云南后,会给云南带来各种不安定因素。后来在缪云台等幕僚的劝说下,龙云最终还是同意接受这所大学,让这所大学落脚昆明。西南联合大学在昆明组建之后,龙云的态度又有所转变,他不无得意地对子女说:"现在全国最出色的人才在我们昆明生活了。"听说联大教授缺衣少食,龙云命部下给联大送去棉衣和大米;他还经常请联大教授为部队讲演,为联大学生设立奖学金。而且龙云多次抵制最高当局的旨意,没有对联大进步师生采取严厉的政治高压措施。

钱子宁助同济大学迁校李庄

抗战全面爆发后,上海同济大学先后六次迁校:1937年7月下旬从吴淞迁入市区的公共租界,10月又迁往浙江金华,1938年1月迁至江西赣州、吉安,同年7月再迁广西贺县,1939年初迁至云南昆明。由于昆明物价飞涨,日机连番轰炸,加之迁入昆明的高校较多,同济大学难以立足,遂于1940年8月计划迁校到四川。但在战时的四川要临时找一块安身之地,实属不易,情急之中,校长周均时想到了校友、宜宾中元纸厂厂长钱子宁,于是向钱子宁发函求助。钱子宁接函后,四处奔走,未能落实,直到最后,联络了南溪县李庄的国民党党部书记和当地部分富商。在钱子宁一再恳求之下,这些地方官和富商为这个"大好人"所感动,决定支持同济迁入,他们当即发电报给周均时校长:"同大迁川,李庄欢迎,一切所需,地方供给。"短短十六个字,给同济带来了希望。1940年年底,同济迁往偏僻的李庄,终于找到了"一张书桌",开始了五年比较安定的教学生活。随着同济的迁入,其他一些文化教育机关也相继迁到李庄,以至于李庄成为当时西南文化教育的一个重镇。

龙云审讯写控告信的西南联大学生

西南联大落脚昆明不久,龙云所担心的不稳定因素开始显现,一些学生常常在信件中向外界披露云南的一些落后现象,抨击时弊,有的措辞很尖刻,直指省主席龙云,说他"是一味搞破坏的军阀""中国头号鸦片出口商""勾结汪精卫"。地方当局加强了邮件审查,一部分信件落到龙云的手上,龙云看后很生气,命警察将四十多个写信骂他的学生带到官邸进行审问。学生被带到后,龙云命人拿出那些信件,一一发给他们,威严地说:"你们这些孩子相信民主,民主的一部分就是保护他人的权利和名誉,谁愿意当着我面读读自己的控告信?"有两个大胆的学生,当真读了自己的信。龙云气愤地问他们根据何在,学生说是听来的。龙云斥责道:"道听途说也是证据?你们太鲁莽了!你们学的就是这样的民主?"随后又比较平缓地说:"我们这里是比较落后,这主要是地理环境造成的。我们的学校也没有别处发达。我们并不像贵校那样幸运,拥有一大批名师。现在我们应该齐心协力。"最后,龙云指着学生手上的信说:"把信拿回去,你们自己处置,但以后一定要核查是不是属实。"审讯到此结束,学生出门后如释重负,有几个居然哭了起来。

毛泽东带头捐建中国女子大学

　　1939年3月,毛泽东在延安提议创办女子大学,以培养革命妇女干部。战争年代的根据地,食不果腹、衣不蔽体,办大学的资金根本就没有着落。毛泽东决定号召大家捐助,他带头将自己的参政员薪水100元全数捐出,并指明用作女子大学图书资料的购置。延安的各级干部积极响应,董必武、邓颖超各捐出300元;校长王明捐出500元,言明专门用于女子大学购置木板床,改善学员生活条件;身在前方的朱德、彭德怀、项英、叶挺等人,驰电祝贺女大开办,并许诺赠送马匹等战利品。在短短两个月内，动员了几百个民工日夜施工，建成了简陋的教室、礼堂以及供学员居住的几百孔新窑洞。1939年7月20日，中国女子大学在延安大礼堂举行开学典礼，毛泽东到会发表热情洋溢的讲话，结束时他高呼："全国妇女起来之日，就是中国革命胜利之时！"

大夏大学反对教育部擅改校名

抗战全面爆发后，私立大学为办学经费计，纷纷改为国立。大夏大学从上海迁至贵州花溪时，学校经费已经告罄，快维持不下去了。1942年2月，校长王伯群在征得校董会同意之后，呈请教育部将学校改制为国立。教育部同意大夏改制，但在未征询校方意见的情况下，擅自决定将大夏大学与贵州农工学院合并，改名为"国立贵州大学"。消息传到花溪，大夏师生群情激奋强烈反对，在操场举行了抗议集会，由于声势浩大，招致军警和保安团包围学校并企图进校逮捕闹事学生。王伯群闻讯赶到，一面派人阻止军警进入校园，一面将学生召集至大礼堂对学生讲话。王伯群动情地说："大夏是我一手扶植成长起来的，在过去十八年的岁月里，我当了十五年的校长，为大夏耗尽了心血，但我别无所求。对大夏的爱护，我不落人后；大夏的成败荣辱，与我分不开。我向大家保证，我一定能把学校完整地迁回上海去。"他又声明："教育部改称贵州大学，那是他们的事，与我们大夏无关。教育的自由和学术的自由，如人身的自由一样，是受法律保护的，是不允许他人或集团侵犯的。"王伯群四方奔走呼吁，同时借助校董和校友的力量，形成强大的舆论，终使教育部收回成命，仍然维持了大夏大学校名。

张含英临危受命出长北洋大学

1947年初冬，有报纸披露了张含英将被命为北洋大学校长的消息。当时张含英正在南京出差，见到报上的消息一头雾水，因为他本人对此事一无所知：事先既没有人给他通报，更没有人征求过他的意见。所以张含英也就没当回事。可时隔不久，教育部的任命就正式发布了，张含英这才急了，匆忙赶往教育部去问个究竟。原来，1946年初北洋大学在天津复办后，一直没有解决校长问题：教育部先任命茅以升为校长，茅坚不就任；8月宣布由教务长金问洙兼代校长，他没干几天就辞职；接着宣布训育长钟世铭代理校长，钟也没有进入角色；年底又任命刘仙洲，刘坚辞不就。将近两年学校群龙无首，办学经费无着，北洋大学学生多次派代表赴南京请愿，"要校长，要经费"。在这种情况下，教育部也来不及与张含英通气，径自决定由他出长北洋大学。张含英了解了原委，向教育部提了三个要求：保证经费；不干涉教授的聘任；少干涉具体校务。在得到教育部的肯定答复后，张含英于1948年2月1日到达天津就任。当天，北洋师生打出"欢迎张校长"的横幅，到天津火车站迎接他们的新校长。

张伯苓"被辞"南开大学校长

1948年秋冬之际，蒋介石提名南开大学校长张伯苓任考试院院长，各界认为张是众望所归。出于南开情结，张伯苓请求以考试院院长兼任南开大学校长，同时推荐在美国的经济学家何廉代理南开校长。蒋介石默许了张伯苓的这个请求,但教育部部长朱家骅以《大学法》规定政府官员不得兼任国立大学校长为由表示反对,并说张伯苓"恋栈"。从美国赶回来的何廉提出了一个兼顾法规和张氏愿望的办法:张伯苓任考试院院长期间,向南开请长假,其间由何廉代理校长。这个办法各方都能接受,就这样定了。10月14日,南开大学举行何廉代校长的就职仪式,张伯苓高高兴兴地主持了仪式。不料在第二天,天津各报却以大字标题登出了令张伯苓、何廉都大动肝火的消息:"中华民国37年10月13日行政院第二十次会议,决定接受张伯苓辞去南开大学校长职务的辞呈;任命何廉为南开大学代理校长。"这显然是教育部从中做了手脚,何廉以私人身份给朱家骅去信表示异议,但未得到任何回音。张伯苓也无可奈何,只能郁闷地离开南开去考试院赴任。

钱穆虚拟高薪创办新亚书院

1950年,钱穆在香港九龙深水埗桂林街租下两层楼,创办新亚书院。这两层楼不到两百平方米,被隔成四间教室,还有学生宿舍以及校长钱穆、教务长唐君毅、总务长张丕介三家居住的单间。校舍虽小,钱穆为书院订立的宗旨却很宏大:"上溯宋明书院讲学精神,旁采西欧大学导师制度,以人文主义之教育宗旨,沟通世界中西文化。"创校之初,经费奇缺,钱穆不得不拿出自己的私蓄支付房租和水电费,张丕介的夫人甚至还典当了首饰补贴校用。书院请来了董作宾、左舜生、吴俊升、罗香林、饶宗颐、杨汝梅等一众名家。在向香港教育司办理学院立案时,钱穆在申请表的"教师待遇"一栏中,填写"每月支薪港币八百元"。教育司官员详细询问经费来源,钱穆如实回曰"没有来源",然后解释说:"你们本地的官办小学,教员的月薪都是这个数,而我请来的老师,都是曾经在大学里教过十几、二十几年的教授,我绝不能把他们的薪水填得比小学教员还少。"官员又问:"万一他们知道你发不出这个数目的薪水,跟你来讨钱如何是好?"钱穆自信地说:"凡是知道我空手办学校的目的,而愿意来帮忙的朋友,肯定不会计较这些的。"新亚书院就这样得以立案开办。

治校篇

严复在复旦公学的功过

严复 1905 年自英伦回国,参与创办复旦公学并被推为校董。翌年冬,严复又应聘就任安徽高等学堂监督。就在严复到安徽后不久,复旦学生联名致信他,恳请他接替已经辞职的马相伯担任公学监督,复旦的两位干事员也竭力向两江总督端方推荐严复。严复对于兼任二校心中没底,直到面见端方得到肯定答复并且得到经费方面的允诺之后,才到复旦上任。当时复旦的财务比较混乱,派系也很复杂,困难重重,严复上任后锐意整顿,修改校章,自兼财务,精简机构和冗员,吐故纳新,院务颇有起色,各地到复旦就读的学生也日渐增多。但是,整顿院务势必得罪一些人,学生人数增加也使办学条件相形见绌,加之严复一身兼任两校,奔波于上海、安庆两地,难免有顾此失彼之处,因而,复旦校内的反严势力开始聚集。特别是当初推荐严复的两位干事员倒戈成为反严急先锋,校内反严气焰高涨,面对如此局面,严复已别无选择,不得不于 1908 年 3

月辞去复旦公学监督一职。辞职之日,他仿韩愈的食蛙蛤诗写下了三首绝句,其中一首云:"桃李端须著意裁,饱闻强国视人才。而今学校多蛙蛤,凭仗何人与洒灰?"

暨南学堂的"家庭学堂制"

暨南学堂创办于清末,主要招收华侨学生。学堂首任监督郑洪年根据学堂的特殊性质,大力倡行"家庭学堂制":学堂内所有设备,"均仿家庭之布置";学生管理,"按各生之习惯";师生关系,"尽如家人般亲切"。郑洪年解释说:"侨生之来学者,如至家室,而吾亦以家人待之。居未安,授馆以安之;餐未适,治庖以识之。时或时气不节,土亦不调,延医以调之,选药以节之。"学堂章程规定:"凡教员名数、资格、教科名目、钟点、学生食品、衣服装束、逐日作息时间,以及学生各科分数等",每月必须列表送中华会馆,由其转告学生家长。学堂还明文规定:每生每周必须发家信一封,既汇报学习生活情况,又借以提高国语水平。对于犯过的学生,教员也依惯例对学生晓之以理、动之以情:"你为什么从南洋到南京来?你父母对你是什么希望?你现在这样做,可对得起你父母?"

蒋百里为办学经费以死践诺

1912年蒋百里出任保定军校校长,上任第一天,蒋百里对学生训话:"我此次奉命来长本校,一定要使本校成为最完整的军事学府,使在校诸君成为最优秀的军官,将来治军,能训练出最精锐良好的军队。我献身于这一任务,实践斯言。如果做不到,当自杀以谢天下!"经蒋百里整治,军校不出三月即面貌一新。当年年底,军校经费告急,蒋百里多次向北洋政府请求增加拨款,而陆军部却敷衍塞责,一再拖延。蒋百里见奔走无望,军校告急,遂下自杀决心以践前诺。1913年6月12日,蒋百里又一次从北京空手而回,次日一大早,他召集全校师生于操场,痛陈军界腐败,自责不能对军校尽责,说到动情处,他掏出手枪对准自己的胸膛开了一枪。站在前排的师生,迅速冲上前去,把昏迷的蒋百里抬进校长室，他们发现办公桌上有两封遗书，一封写给军校教育长，另一封写给母亲诀别。所幸这一枪没有击中心脏要害，蒋百里死而后生。

陈宝泉在校门口竖整容镜

陈宝泉于1912年任北京高等师范学校校长。他重视师范生的品德修养，强调师范生必须为人师表，时常告诫学生："你们出去都要当老师，要晓得做老师是不容易的，一举一动都要为人师表。"每当新生入学，陈宝泉就正襟危坐在校门口，逐一点名接见，仪式感极强；学校每天上午有课间操，陈宝泉只要没有特殊情况，坚持与师生一起做操。陈宝泉对学生的仪表要求是："面必净；发必理；衣必整；纽必结；头必正；肩容平；胸容宽；背容直。"为了提高学生的仪表意识，便于学生检查仪表，陈宝泉在学校大门口竖了一面落地大镜子，上书"整容貌"三个大字，要求学生每次出入校门时，都要穿校服、戴校徽，对着镜子检查容貌仪表，陈宝泉希望学生走在北京的大街小巷，路人能够一眼就从言行举止和仪表上认出"这是北高师的学生"。

何燏时择机高调辞职

民国初年,北京大学针对校长的风潮迭起,当年年底何燏时接替校长后,学校稍微平静了一阵子,但好景也不长。1913年夏,何燏时鉴于北大预科生良莠不齐、学风颓靡的情况,决定终止预科生免试升本科的办法。这个决定刚透露出来,就点燃了火药桶,预科学生当即举行集会,要求校长到会解释。何燏时拒不到会,对学生的要求置之不理,学生的行动随之升级,一百多名学生冲进校长室,高呼口号要他辞职,并迫使他当场立字据保证向教育部提出辞呈。但何燏时有教育部撑腰,数日后,他在二十几名巡警的护卫下又重返北大校园,并且开除了多名带头闹事的学生。此举再次激怒了学生,引发了更大规模的"倒何"运动。教育部见状,想乘机收拾一下麻烦不断的北大,动议将其并入北洋大学,一了百了。意料不到的是,原先与教育部保持一致的何燏时,这时却站到了学生一边,坚决反对将北大并入北洋；11月，何燏时因"反对撤并北大"而高调地辞职了。

周诒春受内外夹攻无奈辞职

周诒春1913年秋任清华学校校长，他主持确立清华校训，扩充课程，设立大学部，兴建图书馆、科学馆、体育馆、大礼堂，颇多建树。但由于大兴土木、人员薪酬的花费太大，且周诒春办事独断，亲疏不均，以致物议四起。曾有校内外多人联名致信主管清华的外交部，控告周诒春的"九大罪状"，如"校费浩大，任意挥霍""薪津没有标准，借此结纳显要"等，弄得满城风雨。外交部鉴于此，于1917年秋设立了"基本金委员会"并改组了清华校董会，两会成员均由外交部的参事、科长组成，基本是一拨人，意在加强对清华的管控。当年10月25日，清华校董会制定新校章，规定了严苛的经费预算和使用条款，"每次支出数在二百元以上者"必须"交董事会核定后方得动支"。明眼人心知肚明，新校章将财权收到校董会手中，意在限制校长个人权力。周诒春面对巨大的内外压力，无奈于1918年1月初辞去校长一职。

蔡元培精心打扮陈独秀的履历

1916年底蔡元培被任命为北京大学校长，他尚未到任，就听说《新青年》杂志主编陈独秀自沪抵京为杂志筹款，于是来到陈独秀下榻的旅馆。蔡元培开门见山，请陈独秀到北大担任文科学长，但陈独秀以离不开《新青年》为由婉拒。蔡元培不甘心，又数次登门造访，并允诺陈独秀可以将《新青年》带到北大继续办。陈独秀感其诚意，终于接受了北大的聘请。当时北洋政府教育部对国立大学教师的学历、资历都有硬性规定，而陈独秀多有不符之处。陈独秀虽多次留学日本，在东京高师、早稻田大学等校短期学习，却没有正式文凭；他虽然参与创办安徽公学、安徽高等学堂，还任过安徽高等学堂教务长，但这些资历显然还不够显赫。蔡元培为了将陈独秀聘到北大，可谓费尽心机，1917年1月11日，蔡元培在拟聘陈独秀为北大文科学长致教育部的公函中，竟然对陈独秀的履历作了两处精心"打扮"，如是："陈独秀，安徽怀宁县人，日本东京大学毕业。曾任芜湖安徽公学教务长、安徽高等学校校长。"教育部不明就里，稀里糊涂地核准了。

蔡元培在北京大学移风易俗

北京大学由京师大学堂嬗变而来，在北大的初期，旧习难改，风气萎靡。蔡元培1917年初就任校长后，按照"兼容并包、学术自由"方针改革校政，也致力于北大的移风易俗。其一，于1918年发起成立北大进德会。该会章程规定，入会会员分甲乙丙三种，共有"八戒"：甲种会员须戒嫖、戒赌、戒纳妾；乙种会员在此三戒基础上，还须戒当官、戒当议员；丙种会员在这五戒基础上，再须戒烟、戒酒、戒食肉。进德会成立之初，教师入会者有七十余人，职员入会者九十余人，学生入会者三百余人。蔡元培自己是乙种会员，李大钊是甲种会员。其二，北大原先开校务会议，一般都用英语，教务会议几乎全讲英语。不懂英语的中国教授，只好坐在那里发呆。蔡元培长校后提议，校务会议一律使用国语。对此，中国教授固然欢迎，但外籍教授却表示反对，他们说"我们不懂中国话，怎么开会"。蔡元培不为所动，对外籍教授说："假如我在贵国的大学教课，是不是因为我是中国人，开会时你们就讲中国话呢？"外籍教授无话可说了。

燕京大学的非正式职员傅泾波

1918年夏，北京大学学生傅泾波陪同父亲到天津参加全国基督教青年大会。就是在这次大会上，傅泾波聆听了南京金陵神学院教授司徒雷登的演讲，并且经父亲介绍结识了司徒雷登。同年秋，美国南北长老会授命司徒雷登在北京筹办"一所新的综合性大学"。司徒雷登受命后不久，约见了傅泾波，很详细地谈了创办燕京大学的计划，说是希望把这所大学办成一所"中国化的大学"，为此他需要一位既热心教育又懂得中国社会的青年才俊来协助。司徒雷登探询傅泾波："你是否愿意帮助我从事这项工作？"傅泾波接受了司徒雷登的邀请，但提出了三个条件：除差旅费外不接受任何薪酬；不参与燕京大学的任何校内事务；只对司徒雷登个人负责。司徒雷登答应了这些条件，从此，傅泾波以司徒雷登校长"业务推广助理"的私人身份，而不是燕京大学正式职员的身份，在燕京大学开始了"助理"司徒雷登的长期生涯。

蔡元培视保护学生为己任

五四运动爆发的当天，共有三十余名学生被捕，其中多为北大学生。5月5日清晨，北大学生在法学院礼堂里集合，群情激愤地准备出发去营救被捕同学，有的主张结队到国务院去请愿，也有的建议冲击警察厅直接救人。校长蔡元培闻讯赶来，走上讲台，全场学生顿时安静下来。蔡元培问："昨天有多少同学受伤？"没人回答，因为受伤的学生太多了，难以统计。蔡元培又问："有多少人被捕了？"台下有人说："昨晚我们大概点了点，至少有三十多。"蔡元培像是自语，又像是对大家说，"三十多人，三十多个我的学生，三十多个国家的栋梁，他们怎么下得了手!"蔡元培沉思片刻,高声对学生们说:"现在,这不再是学生们自己的事情了。现在,这是学校的事情,是国家的事情了。我做校长的有责任保护我的学生。我要救出这三十几个学生来。你们现在都回教室,我保证尽我最大努力。"学生们听后,默默散了,回到教室,蔡元培随即走出学校,联络北京其他国立高校校长,为营救被捕学生奔波了两天,直到5月7日上午被捕学生全部被释放。

方还的额外要求被杜威夫人婉拒

1919年5月初,美国哲学家杜威携夫人爱丽丝访华,开始了在华为期一年的讲学活动。6月,爱丽丝应北京女子高等师范学校校长方还的邀请,到女高师做关于小学教育问题的演讲。当时,五四运动尚在高潮之中,学生的情绪正处于激昂亢奋状态,女师大的学潮也此起彼伏,为此,方还焦头烂额疲于应付,因此很想借助杜威夫人的威望,平息一下学生的情绪,收收学生的心。爱丽丝一到女师大,方还就请本校当翻译的英文教授转告爱丽丝:"请夫人今天演讲时，增加一点内容，务必强调一下学校纪律和学生服从的紧要性。"爱丽丝明白方还的意图，婉言对翻译说："请你转告方先生，我讲的主题是小学教育方面的，早就准备好了，我不便把全篇演讲的意思一齐更换了。"方还听了这话，无可奈何，只好耸肩了。

蒋梦麟低调代理北京大学校长

五四运动爆发后，北大校长蔡元培离校出走以示对北洋政府的抗议，稍后又推荐蒋梦麟到北大代理校务。蒋梦麟当年33岁，在上海商务印书馆当编辑，主编《新教育》杂志，在高等教育界的资历较浅。蒋梦麟于1919年7月21日到北京，面对北大这个是非之地心里直发憷："半年的欠款，六百饥饿的教职员，三千惹祸的学生，交到我手里，叫我怎么办？"在次日召开的校评议会上，面对那些大名鼎鼎的评议员教授，蒋梦麟低调地对大家说：本人此来，只是代表蔡校长"个人"，而非代表"北大校长"；自己"只是代蔡校长来捺捺印子，一切最终还是要请在座的各位主持"。如此低调的姿态,评议员们颇为受用。两天后,在北大学生为他举行的欢迎会上,蒋梦麟首先盛赞五四运动:"此次诸君领袖全国,为爱国之运动,不但国人受诸君之感动,而敬崇诸君;即世界各国,亦莫不对诸君而起敬意。"随后他心平气和地告诫学生:"诸君当以学问为莫大任务","救国之要道"应"以自己的学问功夫为立脚点",非"摇旗呐喊之运动所可几"。这一番话,倒也能被陶醉在胜利之中的学生所接受。蒋梦麟就这样低调地开始在北大"代理校务"。

李登辉拒开复旦女禁

1920年前后,北京大学、东南大学先后开放女禁,实行男女同校。1925年五卅运动过后,复旦大学学生自治会的代表多次向校长李登辉进言,要求学校开放女禁,以体现复旦精神。不料李登辉始终一口拒绝:"除非我不当校长了,任由你们去男女同学。"陈望道、刘大白等教授支持学生,调侃李登辉说,学校索性改名"复旦男子大学"才能"以正视听",并且正好与北京女子大学、金陵女子大学相对称。李登辉依然不为所动,他甚至决绝地说过:"复旦要想男女同校,除非等我死了以后。"1927年北伐军进入上海,政局逆转,复旦师生开女禁的呼声高涨,李登辉在巨大的舆论压力之下,很不情愿地在暑假后开放了复旦的女禁,实行男女同学。曾有人问李登辉,当初为何如此顽固地拒开女禁。李登辉以自己留美多年的所见所闻回曰,美国许多大学男女同学后,闹得学风败坏、伤风败俗,复旦拒开女禁实为"爱护复旦"。

陈时礼遇黄侃

黄侃是"民国三疯"之一,学问大,脾气也大。20世纪20年代初期,黄侃到武昌私立中华大学授课,他的生活习惯很奇怪,一般都是通宵研读,下午补觉,因此上课常常不能按时到校。校长陈时了解情况后,嘱咐教务员将黄侃的课安排到上午;每当黄侃不能按时到堂,他就亲自到堂好言安抚学生,让他们耐心等待;每逢黄侃来上课,陈时都安排校工预先泡好茶、擦干净黑板。黄侃在生活上不拘小节，对生活琐事记性不好，乘人力车到校经常忘付车钱，人力车夫闹到学校，陈时得知后，想了一个特别应对办法，预先把车钱交给门卫，嘱其曰："黄先生一下车，就赶紧代他把车钱付了。"黄侃上课常常不按计划讲，在堂上经常骂人，学生屡有訾言，反映到陈时那里，陈时开导学生说："我们要学黄先生的学问，不要学他的脾气。"

张鸿烈未满足冯友兰的"事功"愿望

冯友兰1923年获哥伦比亚大学博士学位，当年秋回国到家乡河南开封，任新创办的中州大学哲学教授兼文科主任暨哲学系主任。不久，中州大学校务主任离职他就，冯友兰很想接任此职以有所历练，于是主动找到校长张鸿烈说："我刚从国外回来，不能不考虑自己的前途，可选择的前途有两个，一是事功，一是学术。我在事功方面抱负不大，只想办一个好大学，所以需要指挥全局的权力。否则，我就要走学术研究的路子，那就要离开开封，去一个学术文化的中心。"张鸿烈对冯友兰的坦率很赞赏，但考虑到校务主任是一个事务很繁杂的行政岗位，需要花费很多时间和精力，未必适合学者，另外，也许他心中已有别的人选，因此张鸿烈没有满足冯友兰的"事功"愿望。冯友兰于1925年夏离开了中州大学，南下去广东大学任教、专走学术的路子了。

曹云祥借胡适之力请出王国维

曹云祥1922年任清华学校校长，任职不久即确立两大目标，一是将学校升格为大学，二是成立国学研究院。为此，他想到了当时已名满天下的北大教授胡适，他于1924年2月致函胡适，聘请他担任学校的"改大"顾问，同时任国学研究院院长，胡适表示可以任顾问，但坚拒院长之聘。不过，胡适非常看好国学研究院的计划，有心助曹云祥一臂之力，他对曹云祥建议，研究院一方面应借鉴古代书院的导师制，另一方面应借鉴欧美大学的研究生院，专招研究生进行培养。胡适还向曹云祥推荐了四位导师人选：梁启超，王国维，章太炎，赵元任。

1924年12月8日，曹云祥携胡适造访王国维，言明请王国维担任国学研究院院长，被王国维婉拒。曹云祥不死心，将此事全权委托给胡适，胡适不辱使命，他不仅多次面见王国维代为说项，同时利用王国维曾当过废帝溥仪老师的关系，说动溥仪和庄士敦（溥仪的英文老师）去做王国维的工作。王国维被曹、胡的诚意打动，终于出山担任清华国学研究院导师和院长。

匡互生感化小偷

匡互生1925年在上海创办立达学园，以实践孔子"己欲达而达人，己欲立而立人"的思想。学校初创，筚路蓝缕，匡互生积劳成疾，于1933年春患直肠癌住院治疗。一天，一位既非亲朋好友又非立达师生的男青年，执意要进病房探望。经匡互生允许，男青年走到病床前说道："匡校长，你不认识我，可我永远忘不了你。你记得学园有次抓到了一个小偷，校工把他的手捆绑住，几个高大的学生拿着棍棒正要打下去，是你喝住了学生，又给那个小偷松了绑。我就是那个小偷啊。那天，你把我带到办公室，教导我要自食其力。临走，你还送给我钱……"匡互生想起来是有这件事，并询问他近况。男青年说，自那以后，已痛改前非，并用匡校长给的钱，做起了小本买卖，现家境已渐好，"前几天到立达，才听说匡校长得了癌。听人说，治这个病要用最毒的蜈蚣。我专门捉了十来条，希望能用它治好先生的病"。

张伯苓的疑问令李济不快

李济于1922年获哈佛大学博士学位，1923年回国，应南开校长张伯苓之邀到南开大学任人类学教授，1924年兼任文科主任，其间参与丁文江主持的河南新郑南街大墓考古。时值南开大学创办不久，张伯苓正倡导"土货化"办学方针，大力推动致用之学。1924年底，张伯苓与李济谈文科发展问题，很不解地问李济："人类学的好处是什么？"言下之意似乎人类学没有太大用处。李济当时颇感不快，觉得校长不重视人类学，于是很生硬地答曰："人类学什么好处都没有!"自此心生去意。1925年梁启超在清华筹办国学研究院,梁启超兼任中国考古学会会长一职,他虽然很热心于考古,但他本人对考古学并不在行,有心招募考古学方面的人才,当梁启超从丁文江处了解到李济的情况后,当即向李济发出了邀请,李济迅速离开南开到清华国学研究院担任导师。

石瑛接见学生代表

1925年暑假前夕,武昌师范大学外文系二年级学生推举代表杨承芳等人,约见校长石瑛,要求增设课程。杨承芳是全班英文、法文成绩最好的学生,那天来到校长室,他中英文并用发言,要求校方为他们增开两门课,一是"Public Speaking",二是"Teaching Method of English in Higher School",并陈述了理由。石瑛听了他的申述,颇为动气,批评道:"英语说得这么不流利,什么'Public Speaking'!至于'各科教学法',教育哲学系已经开设,由杜佐周教授主讲,你们尽可以去选修,无需另开

'英语教学法'。"他还责令学生要安心学习，不要干涉校务。学生代表眼见校长动了气，只得悻悻然退出。没料到新学期开学时，课程表里却赫然新增了"Public Speaking"一门。学生们经了解，原来是石瑛见过学生代表之后，感到他们的建议有合理之处，于是转变了想法。

罗家伦大力更新清华师资

罗家伦执掌清华大学后，把"罗致良好教师"当作"大学校长第一个责任"。当时清华有一位名叫史密斯的美国教授，教英文和拉丁文，此人学问一般，最囧的是他不会授课。在课堂上，他从不讲解，只是挨着学号，叫甲生读一段课文，然后叫乙生接下去读另一段，如是直到下课。中国教授说，这样的人在美国教初中都不会有人要，居然在清华一教就是十多年，而且还是"终身合同"。罗家伦了解确证后，果断辞退了史密斯。美国公使为此出面说情，但罗家伦以"史密斯不能代表美国学术水平"为理由，维持原判。清华历史系主任一度空缺，罗家伦掌校后，许多人都认为这个职位非朱希祖莫属，依据是朱与罗家伦有师生之谊。但出乎众人预料的是，罗家伦没有聘朱希祖当系主任，他的解释是，朱先生是中国史专家，对世界史接触不多，"这就无法使这个系走到现代化的路上"。罗家伦亲自去南开大学挖蒋廷黻，邀蒋到清华任教并兼历史系主任。蒋以南开有约在身，初未允，罗家伦不肯罢休，说"你若是不答应，我就坐在你家里不走"。他还真就赖在蒋家整整"磨"了一个晚上。蒋廷黻经不住罗家伦软磨硬泡，终于到了清华。罗家伦后来说："纵然得罪了我的老师，但我为了历史系的前途，也不能不为公义而牺牲私情了。"

陈裕光忍痛解聘赛珍珠

赛珍珠出生于美国弗吉尼亚，三个月大就随父母来华。1919年，27岁的赛珍珠随丈夫、农学家卜凯到金陵大学任教，赛珍珠任教于外文系，讲授英语文学课程。赛珍珠自幼在中国生活，自认汉语是母语，但她从小到大受的教育基本上是西式的，因此她的教学方法也带有鲜明的西式特点，不拘课本，随兴发挥，她认为外语教学就是要"海阔天空"，还经常把一些国外的无声电影带到课堂上放映。陈裕光于1927年任金陵大学校长，随即按照"中国化"方针改革校务。赛珍珠在教学上采用的西式教法，尤其是一些比较过头的做法，与"中国化"方针以及金陵大学严谨的校风多有扞格，学生到校方申述，指责她的英文课"不实用""离题万里""夸夸其谈"。校务委员会迫于学生的压力，决议解聘赛珍珠。陈裕光与卜凯夫妇私交甚笃，又是紧邻，但见事已至此，不得已忍痛解聘了赛珍珠

复旦"东宫"每年开放一天

复旦大学在1927年暑假后开放了女禁，9月迎来第一批女生103人。1928年底，一栋两层的宫殿式女生宿舍落成，因位于复旦校园东部，故被称为"东宫"。"东宫"不仅环境优美，而且建筑规格很高，设施齐全，整洁明亮，宿舍楼下辟有一间专门的会客室，配有沙发、圆桌，任何男性都只能在会

客室会见女生，不得越雷池一步。李登辉派留美归来的毛彦文担任女生指导，住在女生宿舍，对女生事务严加管理。由于女生宿舍门禁森严，要求放松门禁的呼声渐起。随着舆论压力日渐加大，李登辉决定每年在校庆日开放"东宫"一天，男生和校友都可以进入参观。一年开放一天，观者当然如潮，女生也是精心布置，把自己喜爱的小摆设悉数摆在显眼的位置。每次开放日过后，女生到庶务处报失的人接二连三，而布告栏里的"失物招领"广告更是精彩纷呈："捡到……物品一件，请物主于×时到×处认领，并备小礼物一件。"

"前国立武汉大学校长王雪艇先生之墓"

1928年夏，国民政府决定在武昌高等师范学校基础上组建武汉大学，任命王世杰（字雪艇）为校长。王世杰认为，"不办则已，要办就当办一所有崇高理想、一流水准的大学"，"武汉市处九省之中央，相当于美国的芝加哥大都市，应当办一所有六个学院——文、法、理、工、农、医规模宏大的大学"，

"十年以后，学生可达万人"。1929年春，在武大师生为他举行的欢迎会上，王世杰提出新武大的五个目标："巨大的校舍"，"良好的设备"，"经费独立"，"良好教授"，"严整纪律"。他还表示，"留校一天，当努力尽自己的力量，绝不敷衍于苟且，空占其位置"。王世杰在任四年，任劳任怨多有建树，直到1934年春离开武大出任教育部部长。王世杰先后还担任过国民政府法制局局长、外交部部长，国民党中宣部部长以及台湾"总统府"秘书长、"中央研究院"院长等要职。1981年，王世杰去世，去世前他留下遗嘱，死后墓碑上只刻16个字："前国立武汉大学校长王雪艇先生之墓。"

杨亮功立规矩禁止学生进异性宿舍

1928年6月，留美归国的杨亮功任上海中国公学副校长，实际主持校务。他发现公学学生中有一个"坏习惯"：男生可以随意到女生宿舍去，女生也可以随意到男生宿舍去，学校居然在这方面没有任何限制。于是杨亮功为学生宿舍立了一道规矩：禁止学生进入异性同学宿舍。这条新规矩一公布，学生群起而攻之，声讨杨亮功"开倒车""思想落伍"。杨亮功对学生解释说："男女同学互相尊重，就不应随意进入对方卧室，否则就是一种侮辱。美国大学男女学生交际虽然很自由，但宿舍门禁森严，规定会客只能在会客室，而且晚上十点后禁止会客。"后来，校长胡适明确表态支持杨亮功的新规，学生的不满情绪才渐渐平息下去，新规矩开始生效，男女同学也逐渐习惯了不再自由出入对方宿舍的规定。

罗家伦对马约翰先降后升

马约翰早年就学于圣约翰大学，修医学和化学，酷爱体育运动，是学校足球、田径、网球、棒球运动队的主力。1914年毕业后，马约翰到清华学校任化学教师，同时兼任体育教练。1919年后马约翰两次留学美国春田学院专修体育，获体育硕士学位，学成回到清华，被聘为体育教授兼体育部主任。1928年罗家伦任清华大学校长，他看到上体育课的还有教授，很不以为然，趁整顿师资的机会将马约翰的职级由教授降为教员。不少同事为马约翰打抱不平，动员他辞职抗议，马约翰一笑了之，一如既往地上体育课、带运动队。1929年底，他带领校足球队夺得华北体育联合会冠军，全校一片欢腾。罗家伦这才意识到体育对学校的重要性，于是又恢复了马约翰的教授职级，还奖励马约翰一个银杯。

德本康夫人回应金陵女大"老姑娘现象"

金陵女子大学自开办起，毕业生的结婚率持续低迷，金女大"老姑娘现象"一说在社会上流传很广。与金女大近在咫尺的金陵大学，男生居多，别有一番滋味。1928年11月28日，金陵大学《金陵周刊》发了"配偶问题专号"，其中《配偶问题的两点意见》一文，统计了金女大从1919年首届毕业生到1927年间毕业生的结婚率，仅为16%。该文质问：金女大毕业生"未婚的还有百分之八十四，不知如何办法"？文章写道："有知识的人不负传种的责任，是一件大不幸的事体。""情况延长下去，女子教育纵然能够日益发达，但同时老处女的数目也日渐增加,结果变成一畸形社会。"对此,金女大原校长德本康夫人做出了回应,她认为,金女大学生接受了高等教育且担负社会工作,所以她们"肯定不喜欢让婚姻束缚住个人自由";德本康夫人指出,"我们不能据此认为:教育令她们鄙视家庭生活";金女大学生不嫁,不是女子的错,而是因为"那些喜欢在家庭关系中高人一等的男士并不愿意选择受过高等教育的妇女"。她还从传统中国婚姻的弊端方面分析,"在金陵女大,大多数女孩对男孩都并不感兴趣",那是因为"迄今为止,在中国人的婚姻关系中,罗曼蒂克的爱情尚未成为时髦,对于那些具有知识文化兴趣的女子来说,结婚本身并不具有特别的吸引力"。即使有部分职业女性选择独身,"这对社会也没有什么大危险。经济上独立自主的女性大量出现,是一件值得庆幸的事"。

徐悲鸿三顾茅庐礼聘齐白石

1929年9月,徐悲鸿任北平艺术学院院长,上任后不久,他决定聘请年已67岁的齐白石来校任教。

徐悲鸿初次登门拜访，二人相谈甚欢，但当徐悲鸿说明来意时，却被齐白石婉言谢绝。过了几日，徐悲鸿再次登门重提此事，齐白石仍然不为所动。徐悲鸿不灰心，第三次来到齐家，精诚所至，终于说动了齐白石。齐白石向徐悲鸿坦陈心曲：之所以谢绝，是因为自己从未进过洋学堂，毫无授课经验。徐悲鸿说：您老可以不讲课，只要在课堂上给学生示范作画即可。徐悲鸿还许诺，齐老授课时，冬天给生火炉，夏天给安电扇。齐白石到校上课的第一天，徐悲鸿亲自坐马车到齐家接他；车到校门口，有学生列队欢迎。齐白石到课堂上，铺纸作画，然后又与学生座谈。课毕，徐悲鸿又亲自送齐白石回家，扶齐下车。齐白石大为感动，对徐悲鸿说："徐先生，你真好，没有骗我。我以后可以在大学里教书了，我应当感谢你！"言罢便要跪拜，被徐悲鸿慌忙扶起。

吴贻芳设专间方便学生约会

金陵女子大学的学生大多家境良好，富有教养，言行优雅，因此一直是相邻几所大学男生追求的首选对象。1931年的某日早晨，校长吴贻芳在校园里散步，发现学生宿舍楼的窗下有一把踩了很多泥脚印的椅子，经了解，原来是外出约会的学生晚归，宿舍大门关了，只好爬窗户进宿舍。吴贻芳担心学生的安全，于是派校工将宿舍楼下的一大间会客室隔出一半，再将这一半隔成许多封闭的小间，每间放上桌椅，装饰得很有气氛，专供学生在此约会。当然，校方为此也做出了几条严厉的规定，如：学生带男友来此约会，须在晚九时前结束；临走时须将吃剩的糖纸果壳之类带走，将小间打扫干净如初。这个温馨的所在，被金女大的学生称为"Local"，而"Local"进而也成为金女大约会或恋爱对象的代名词。每当谁的男友来了，她们就会说："你的Local来了。"

校长朱家骅不认识系主任曾昭抡

1930年底，民国要人朱家骅出任中央大学校长。上任后他锐意改革，取消总务长，改设教务长，聘八院院长，基本解决了学校经费、基建等多年的老大难问题。但由于社会活动过多，他对本校的一些著名教授难免认不得。在中央大学，化学系教授兼主任曾昭抡是一个怪人，他虽然是美国麻省理工学院博士，学术水平高，名气也大，但日常生活却漫不经心，不修边幅。有一次，朱家骅主持召开系主任会议，曾昭抡准时到会，朱家骅却不认得这个衣着不整、邋里邋遢的年轻人，皱着眉头问他是哪个系的；曾昭抡回答是化学系的，朱家骅听罢大手一挥，带着不快的神态说："去，把你们系主任叫来开会。"曾昭抡一句话再也没说，扭头就走出了会议室。不久，曾昭抡也走出了中央大学，跳槽到北京大学化学系。

王兆荣铁腕整顿川大学风

1931年底，国立成都大学、国立成都师范大学、省立四川大学合并，组建国立四川大学。三校合并后，原先各校的派系和某些"恶风气"也被带入新校，学校经常动荡不安。1932年2月，王兆荣被任命为川大校长。王兆荣到任后,"严"字当头,从"树规模,立制度"入手整顿校务,先后制订颁布了22项校规校制,严格予以执行。为整顿学风,王兆荣"以严峻著名,对于桀骜不驯的学生毫不假惜"。他自兼学校毕业考试委员会监考主任委员,狠刹考试作弊歪风。该学期的毕业考试,他掌握了若干科目均有泄题作弊的证据,包括中文预科的政治概论,外文预科甲组的国文和英文,外文预科乙组的文学史,法预科的数学,王兆荣宣布这些科目的考试无效,试题作废,另聘教师重新命题重考。在1932学年,上课时间只有6个月,校长通告除名的学生竟多达260人(含预科生80人,附属高中学生50人),勒令停学学生96人(主因旷课)。经此铁腕严治,学生中蔓延的"恶风气"初步得到遏制。

胡庶华的"十条告诫"和"十条人格标准"

1932年秋胡庶华出任湖南大学校长,他根据湖大的实际情况,对学生提出了《十条告诫》:一、刻苦耐劳以锻炼身体;二、博闻强记以充足智力;三、严守秩序以健全组织；四、诚实不欺以树立信用；五、坦白率真以表示磊落；六、见义勇为以发扬正气；七、遇事认真以矫除敷衍；八、爱众亲仁以团结群众；九、自奉俭朴以砥砺廉隅；十、轻财远色以高尚兴趣。当年毕业生即将离校时，胡庶华给他们赠言："初肩世事，宜秉履冰霜之惧，忠勤厥职，于义利廉贪之间，得失荣辱之际，严以辨之，慎以处之，勿逾求学初衷。"1940年秋，胡庶华再度出长湖南大学，他又对学生提出《大学生人格标准》十条：一、厚重端庄的仪表；二、光明磊落的胸腔；三、勤敏万能的身手；四、平稳踏实的脚膀；五、冷静细密的头脑；六、远大深思的眼光；七、慷慨热烈的情绪；八、健全纯洁的思想；九、顶天立地的志气；十、急公好义的心肠。

司徒雷登视学生请愿为教育的成功

"九一八"事变后，燕京大学校长司徒雷登亲自率领几百名师生上街游行，他走在队伍最前面，与学生一起高呼"打倒日本帝国主义"。1934年司徒雷登回美国办事，刚到美国不久就收到燕大要他火速返校的电报，原来北京的学生为反对当局的不抵抗政策，组团赴南京请愿，其中也有燕大的学生，而留在校内的学生则宣布罢课，以声援去南京请愿的同学。对于学生的罢课举动，校内教师形成两派，一派表示反对，一派表示支持，双方形成对峙。司徒雷登收到电报后急忙赶回中国，召开全体教师会议，他一开场就说："我在上海下船时，首先问来接我的人，燕京的学生是否也到南京去请愿了，我听到答复是，燕京的好多学生都去了，我这才放心了。如果此次燕京学生没有参加请愿，那说明这些年来燕京的教育就完全失败了！"

任鸿隽得罪川籍教授被迫辞职

1935年8月，任鸿隽出任四川大学校长。任鸿隽在离开北平南下就任前，对媒体发表"关于整理四川大学意见"，第一条是，"要提高教授待遇，在国内遴选学界名宿前往担任教授，至少要做到国立两字的目标，使此大学成一个国家的大学，不单是四川人的大学"。此文一经发表,已埋下了与校内川籍教授矛盾的种子。任鸿隽到任后,着手更新师资队伍,一方面广延省外著名教授,另一方面准备在次年停聘部分原有的教授(当时有舆论说,任鸿隽计划四分之三的原教授将不再聘任),引致校内外地方势力的强烈不满,尤其是一部分川籍教授"颇感恐慌",乃频繁密会以谋对策。恰在此时,任鸿隽夫人、川大文学院教授陈衡哲在报刊上发表《川行琐记》,直言不讳批评四川的一些落后习俗,在川人中引起轩然大波,而这场风波的矛头很快从陈衡哲转到任鸿隽身上。校内外地方势力对任鸿隽的治校方针大加讨伐,"使教授们对于饭碗知有今日不知有明日","我们不能不佩服校长之威风,足以祸福群儒,大有雷霆不测之势"。在地方势力的猛烈攻击下,任职不到两年的任鸿隽不得不辞职一走了之。

蒋梦麟苦口婆心劝学生复课

1936年2月中旬,蒋介石要在南京接见全国大学生代表,要求各大学派代表"晋京聆训",当时给北大三个代表名额。但北大学生会做出决议，拒绝派代表去南京，校方迫于上方压力，遂擅自指定了三个学生代表。学生闻讯后，对这三位"伪代表"群起而攻之，他们冲进宿舍扔掉这三位代表的行李，还在马路上给他们开"追悼会"，随即发起大规模的罢课。校长蒋梦麟眼见事态扩大，赶紧召开全校学生大会，他在会上对学生说："我是中华民国国立大学的校长，我不能不服从国家的命令！这三位同学是我安排他们去的，一切的责任当然由我负。"接着他又动之以情："从前海上有一只船遭难了。船主镇静地指挥着让妇孺老幼们坐了救生艇逃生，剩下的人和他自己无路可走，他却命船上的乐队奏着《近乎我主》的赞美诗，随着这船慢慢地沉下去。现在如果我们所剩的这只船（中国）要沉了，那我们也应当如这位船主一样，在尽了我们自己的责任以后，站在岗位上从容就义。"最后他挥挥手说道："马上复课吧，先尽我们的责任！"

萨本栋反对夫妻二人同校任职

萨本栋1937年7月出任厦门大学校长。当时厦大刚刚由私立改制为国立,萨本栋鉴于厦大的实际情况,煞费苦心地在学校形成了一条不成文的规定:夫妻二人不得同在本校任职。他自己带头执行,他的夫人黄淑慎毕业于北京师范大学教育系,是运动健将,曾任清华大学体育教员,而且当时厦大又很需要体育指导员,但由于萨本栋有言在先,所以她也不能在本校任职,只能义务担任女生的体育指导,就这样七年如一日,尽管她的工作量一点也不亚于专职,却没拿任何薪酬。教务长傅鹰的夫人张锦是伊利诺伊大学博士,曾任国内多所大学化学系教授,为了遵守这条不成文的规定,张锦只得在距厦大几百里外的福建医学院任教。生物系顾瑞岩教授的夫人杨佩芬,同样也照此办理。与此相关的是,萨本栋也不赞成师生在校内成立同乡会,他一再强调:"在本校内,绝对不允许有地域的成见。"

罗家伦疏散学生有如神助

1937年8月中旬,侵华日军开始轰炸南京,位于市中心的中央大学处境十分危险。18日上午,校长罗家伦写了两张条子,责令女生指导员将住在校本部女生宿舍的女生全部搬到比较偏僻的农学院宿舍,同时责令男生管理员将住男生宿舍二、三层的同学全部搬到一楼。片刻功夫,女生指导员来反映:暑假之后,住在宿舍的女生人数不多,她们说那里洗澡方便,不愿意搬到农学院那边去。男生管理员也来反映:男生说二、三楼凉快,不愿搬到一楼去。罗家伦一听就火了:现在都什么时候了,还想这些?他严令必须在19日上午全部搬完,不得延误。第二天中午,很不情愿的女生、男生们才全部搬出了原来的宿舍。就在当天下午,日机轰炸了南京市区,中央大学校本部多处被炸,女生宿舍楼全被炸塌,男生宿舍二、三楼门窗全被震碎,所幸没有一个学生伤亡。20日晨,罗家伦正在校园里指挥工人清理废墟,那些躲过一劫的男女生都跑来感谢校长的

"救命之恩"。罗家伦对他们说:"你们真是小孩子!昨天你们还不搬,以为是我的虐政,今天倒谢起我来了。"

中央大学迁渝"鸡犬同书共一船"

因战争影响,从1937年10月起,中央大学的人员、仪器、图书化整为零,分多批从长江水路入渝。最后一批离开南京的是农学院一批珍贵的实验动物,有荷兰牛、澳洲羊、英国猪、美国鸡、北京鸭等。经校长罗家伦多次交涉,轮船公司最后才同意运送这些动物,并特别改造了轮船底舱来装运。罗家伦引用唐诗"鸡犬同书共一船"来形容这种情景。经过一个多月的水、陆行程,中央大学大部分人马设备陆续到达重庆,唯独不见那些动物。将近一年之后,1938年深秋的一天黄昏,罗家伦乘车进城办事,刚出沙坪坝,就看到前面路上慢吞吞地走着一群牛,司机对罗家伦说,好像是中大的,走在头里赶牛的像是中大畜牧场的职工王酉亭。急忙停车细看,果不其然。罗家伦后来形容说:"这些牲口经长途跋涉,已经是风尘仆仆了。赶牛的王酉亭先生和三个技工,更是须发蓬松,好像苏武塞外归来一般。我的感情震动得不可名状,看见了这些南京赶来的牛羊,真像久别的故人一样,我几乎要向前去和它们拥抱。"直到1939年11月,中央大学的最后一批实验动物才到达沙坪坝,那天罗家伦领着师生拥到校门口,夹道欢迎这些动物以及为运送这些动物一路吃尽苦头的职工。

竺可桢不计较马一浮的傲慢

马一浮精通儒学,但生性倨傲。1936年5月下旬,刚刚就任浙江大学校长的竺可桢去马家拜见,请马一浮出山为浙大学生授课,马一浮一口回绝。7月中竺可桢再次登门,仍然被马一浮所拒。竺可桢颇失望,身边的人对他说,"马一浮学问固优,世故人情欠通",不领情就算了。抗战全面爆发后,浙大辗转迁校至江西泰和,其时马一浮也在附近避难,且处于"琐尾流离,不堪其苦"的状态。马一浮终于放下架子,致信竺可桢诉说生活困难,并试探性地问道,"可否借重鼎言,代谋椽寄?"竺可桢收信后,与文学院长梅光迪、教务长郑宗海商定,决定不计较前嫌,聘马为国学讲座,待遇高于一般教授。马一浮在接到竺可桢的正式聘书后,回复竺可桢一信,很冠冕堂皇地说自己去不去讲学不重要,重要的是大学应该注重传统的经术和义理。竺可桢会心一笑,一切按聘约进行。马一浮于1938年4月到浙大就职,5月8日首次开讲。他的讲座无固定时间,无固定听众,有兴趣的自愿参加,竺可桢也常常挤出时间去听讲。

何炳松主持陈立夫讲座从容应对教师责难

太平洋战争爆发后,暨南大学迁往福建建阳。当时学校办学条件极为艰难,师生生活也十分困苦,为维持基本的办学条件,校长何炳松拟将破旧的校舍进行修缮,致部分教师不满。1942年某日,教育部部长陈立夫到建阳,在暨南大学为师生宣讲"唯生论"。就在何炳松致欢迎词之际,一位曾在比利时当过神甫的法语教师忽然站起来,当着陈立夫、何炳松以及满堂师生的面，指责何炳松挥霍国帑修葺校舍，而不是用这些钱来改善师生生活。气氛顿时很紧张，满堂师生一片愕然。何炳松倒是处惊不变，他接过这位教师的话头，心平气和地说："一个青年来读大学，不管将来是做学问还是做事业，都只是一个开端，他们的人生道路还很长。我们的责任不仅是向他们传授知识学问和谋生技能，更重要的是要培养他们成为目光远大、胸襟开阔、有气度、有事业心、有社会责任感的人。而读书环境对一个人气质的养成大有关系，所以我以为，花点钱修理一下校舍是不会没有回报的。"说罢，何炳松转身从容请陈立夫开讲。

胡适保释进步学生

北京大学政治系学生邓特是左翼青年，在校期间负责编辑壁报《奔流》，借以宣传进步思想。1948年2月，邓特被当局逮捕，罪名是"受华北学联领导，替匪宣传"。邓特被捕后，北大学生会和人权保障委员会迅速出面，要求校长胡适采取措施营救被

"非法逮捕"的邓特。面对学生会代表,胡适公事公办地告诉他们,他已经定下四个原则交由训导处办理这一类事宜,这四个原则是:如有学生被捕,学校代为打听逮捕的机关;通知该机关对被捕学生加以优待;被捕学生如罪嫌较轻,由校方保释;如罪嫌较重,由校方请求移交法院办理。邓特当时属"罪嫌较重"者,而且在监狱中受到了刑讯逼供,当胡适了解到这一情况后,虽然他不赞成学生会的"非法逮捕"一说,但他从保护学生的角度出发,仍责成北大校方保释了邓特,并为邓特物色了辩护律师。邓特保释之后,很快去了解放区。

梅贻琦巧妙保护被通缉的学生

1948年8月中旬,北京法院特刑庭接连给清华大学发出两份"拘提"名单,责令校方把名单上的学生交特刑庭审讯。校长梅贻琦立即召开紧急教授会商议对策,随后给特刑庭回了一份公函,并将这份公函制成大字布告向全校发布。公函内容为:"经查,×××一名,已于上学期退学离校;×××

……三名均于上月毕业离校，×××一名业已休学，×××……等十六人因值暑假，各生行止不定。兹准贵庭按名传讯，当经依次派员前往×××等十六人宿舍内代送贵厅传票，惟均不在，未能送达，除了已布告各该生返校后即行领票到案外，相应复函，并希查照为荷。"这份公函，通篇实际上就是一句话：你们要拘提的人，都不在学校里。梅贻琦巧妙应付了特刑庭的纠缠，暗中保护了学生。

杨钟健明暗两手将西北大学留在西安

抗战胜利后，西北大学各派系争斗激烈，校长一职曾空缺多时。1948年秋，当局拟选一位无党无派的著名学者接任校长，杨钟健遂成为不二人选。当时，杨钟健正在中央地质调查所埋头做研究，拒绝当校长；后来经官方和友人轮番劝说，才同意出长这所家乡的大学，并于当年年底到西安就任。第一次校务会议，杨钟健坦陈自己的治校理念："我这一次来西北大学，绝不是维持现状的，我对西北大学有一种抱负，希望能把学校办成进步的、充实的、合理的、名副其实的西北学府。为达到这个目的，不能抱妥协的态度，必须行改革之志，尽力为之，希望全校同仁均予协助。"就在杨钟健上任后不久，国内局势逆转，当局下令西北大学速迁成都，校内也因此形成拥迁和拒迁两派。杨钟健本人也是反对迁校的，他审时度势，决定采取明暗两手策略以缓迁、拒迁，他向全校宣布，学校分两批南迁，由师生自愿报名。拥迁派师生本来是少数，都报名第一批走，领了经费很快就离开学校南下；随着他们的离去，杨钟健与留下来的拒迁派师生反而定下心来，明为第二批南迁做充分准备，实际上一切校务按部就班，随着国内形势急转直下，当局再也无暇顾及南迁之事，西北大学终于比较完整地留在了西安。

傅斯年在台湾大学的尚俭布告

1949年初，傅斯年就任台湾大学校长，上任伊始他就发现，台大学生的家庭背景悬殊，富家子弟大多把台大当作跳板，毕业之后就通过各种渠道去留洋。傅斯年对此很警觉，认为这是教育资源的很大浪费。为了对富家子弟的"任意来去"加以限制，1949年秋季开学后，傅斯年于10月12日发布了一则校长布告："本校学风，素称俭朴，然亦偶有有钱人之子弟，习为奢侈者。兹在学年开学之始，特行告知诸生，如有娇养成性，习尚浮华者，务请不入本校之门；既入本校之门，即须改行自新，须知国家办此大学，费钱甚多，经费皆民脂民膏，岂容此辈滥竽其内，浪费教育之努力！以后如见有习尚浮华、衣食奢侈者，必予以纠正，或开除学籍。"布告后来起了多大的作用不得而知，但傅斯年校长的尚俭态度一目了然。

王亚南因偶然机会捞回陈景润

1953年夏，陈景润从厦门大学数理系毕业，被分配到北京一所中学当数学教师。陈景润生性不善言辞，站在讲台上两腿发软，说不了几句话喉咙就发痛，再加上心里焦急，没几天就病倒了，做了三次手术。厦大校长王亚南某次赴京开会，偶遇陈景润所在中学的负责人，并从这位负责人的言谈中听出了他对这位"厦大高材生"的明显不满。王亚南感到很吃惊,亲自去探望了窘境中的陈景润。王亚南了解到实情后,感觉这是毕业分配不当、用非所长,很同情陈景润的处境。王亚南回到厦门后,与校党委研究决定:调陈景润回母校。陈景润于1954年回到厦大,任数理系助教兼系资料管理员,他在这里如鱼得水,连续发表了多篇关于"他利"问题的论文,引起中国科学院数学所所长华罗庚的重视。1957年华罗庚派人到厦大,商调陈景润到中科院数学所当实习研究员,王亚南觉得这是大好事,愉快放行。

匡亚明冒险聘任于省吾

于省吾是甲骨文专家,曾与郭沫若一起整理重刊《殷契粹篇》,但由于曾在奉系张作霖手下任过职,1949年后一直赋闲在北京家中。1955年,匡亚明任东北人民大学校长兼党委书记,得悉于省吾的境遇,亲自赴北京到于家,邀于省吾到东北人民大学任教。于省吾感念匡亚明的诚意,虽答应赴任,但却提了三个在当时看来很不合时宜的条件：一是不参加政治活动，二是不参加会议，三是不讲课。鉴于于省吾的历史情况，再考虑到这些不合时宜的条件，许多好心人都劝匡亚明放弃此议，免得招惹麻烦，特别是政治上的风险。但匡亚明对众人说："学校没有校长可以，没有教授就办不成。"他冒着很大风险，毅然答应了于省吾的三个条件，并且在后来全部兑现。于省吾来到东北人民大学之后，专心于学术研究，带出了国内一流的古文字学科。

授课篇

李善兰扶病上堂口讲指画

京师同文馆1866年添设天文算学馆，李善兰被聘为天文算学总教习，当时他正在南京忙于刻印数学著作，直到1868年才赴京上任，这一年他已经57周岁。李善兰在同文馆讲授算学，以元代李冶的《测圆海镜》为主要教材，他指导学生用西方代数方法演算《测圆海镜》中的"天元术"习题，既激发出学生学习数学的兴趣，又兼收中西数学方法之长。李善兰身胖体弱，加之不适北方的风寒，60岁时得了风痹症，肢体酸痛，行走不便，每次上课，都由人搀扶着艰难挪步到课堂；一进入课堂，他便将病痛置之度外，口讲指画，答疑解难。李善兰在同文馆执教一共14年，直至去世，其间课徒百余人，学生中后来有多人成为中国近代数学领域的翘楚。晚年李善兰收江槐庭、蔡锡勇两得意门生，喜不自抑，致信好友华蘅芳曰："近日之事可喜者，无过于此，急欲告之阁下也。"

黄摩西讲课时前三排无人敢坐

黄摩西是清末文学怪才，于1901年任东吴大学国学教习，讲授中国文学史、国文等课程，并任校刊《学桴》主笔。黄摩西性情古怪，生活散漫，不拘小节。他不喜欢洗澡，每到夏天，蓬如乱草的头发经常散发出一股气味，讲话时又唾沫横飞。黄摩西到东吴大学任教之后，他的授课奇观，包天笑在回忆录中曾有所记载："每当他登堂授课时，前三排座位上，竟无人敢坐……学生均掩鼻听讲。"但从讲课的内容和效果来看，那又是另一番景象，黄摩西讲课趣味横生，令听课的学生"若在退课时忘却上课，若在上课时忘却退课。有时，并饮食卧息而忘之"。学生每遇有不明的字句或典故出处询问，黄摩西大多能凭记忆当即指出在某书某卷某页，随问随答，课后学生去核实，竟从无差错。

钱玄同拒不判卷

钱玄同从1913年起任教于北京高等师范学校，后来还到北京大学、燕京大学等校兼课，讲授音韵学、国音沿革、经学史略、古书真伪等课程。钱玄同授课，不发讲义，只列图表；上课时从不看一眼学生有没有缺席迟到，每每用笔在点名册上一笔到底，算是全到；他布置学生考试，却从不判卷。北京高师教务主任熟知钱玄同的脾性，也不跟他计较，就专门刻了一个"及格"二字图章，凡教务主任收到钱玄同的课考试卷，盖上这个"及格"章，照封面姓名录入记分册就算了事。钱玄同在燕京大学兼课时，课考结束照例不判卷，将学生考卷原样交上，但燕京做事较真，教务室将考卷退回，请他判分，钱玄同仍然不阅卷，原样将一包试卷退回教务室；校方声言要按照规章予以制裁，并扣除薪金，钱玄同大为光火，复函燕京校方："薪金全数奉还，判卷恕不从命。"

辜鸿铭课堂约法三章

辜鸿铭精通西学,但又鼓吹帝制,是半新半旧、半土半洋的人物。1915年辜鸿铭到北京大学任教,成为校园一怪。他讲授英国文学,上课第一天,拖着大辫子,戴着瓜皮帽,大摇大摆走进课堂,学生一见他的大辫子,忍不住都哄笑起来。辜鸿铭心里清楚学生不怀好意的笑,不动声色,开始上课,他慢条斯理地说:"你们笑我,无非是我的辫子。我的辫子是有形的,可以剪掉。而诸位同学头脑里的辫子,就不是那么容易剪掉的。"短短几句话,说得学生面面相觑。随后他对学生宣布:"我有约法三章,你们受得了,就来上我的课,受不了就早点退出。第一,我进来的时候,你们要站起来,上完课要我先出去你们才能出去;第二,我问你们话和你们问我话的时候,你们都得站起来;第三,我指定你们要背的书,你们都要背,背不出来不能坐下。"

辜鸿铭讲授"洋离骚"

辜鸿铭在北京大学讲授英国文学,开学第一堂课,他叫学生把书翻到"Page one",到学期结束,还是叫同学把书翻到"Page one",因为他从来不按照教科书讲课。英诗是英国文学课的重要内容,每当讲授英诗,他会说"今天教你们外国大雅";转天他又说"今天教你们外国小雅"。有时他神神秘秘地说,"今天教你们洋离骚"。原来这"洋离骚"是密尔顿的一首长诗"Lycidas",是密尔顿为悼念一位在爱尔兰溺亡的老友所作。辜鸿铭在英国文学课上,用中文回答学生的英文提问,用英文回答学生的中文提问,间或还插入拉丁文、法文、德文。辜鸿铭由于自幼在西方接受教育,中文底子并不好,在黑板上写汉字,常常这里多一笔那里少一笔,学生给他纠正,可他却从来都不当一回事。

吴梅教词曲讲唱并用

吴梅于1917年到北京大学任昆曲组导师,同时在国文系讲授戏曲词曲课。这门课开设之初,不受学生待见,被讥为"雕虫小技",甚至被骂"诲淫诲盗"。吴梅不理会学生的轻慢,仍然陶醉于其中,他不但讲理论,还示范唱功,上课时一边讲授曲律,一边吹箫笛,长调短吟,营造氛围,许多学生受其感染,也慢慢喜欢上了这门课。1922年,吴梅到东南大学任教,仍教戏曲词曲,依然我行我素,常在课堂上吹笛伴奏,教学生唱昆曲。课上意犹未尽,课后他还自己出钱雇来笛师,教学生唱曲;有时还请学生去戏院听戏。1926年春,吴梅在选修词曲课的学生中发起成立"潜社",自任召集人,组织社员定期唱和、演奏词曲。吴梅的苦心没有白费,在他的学生中,后来成为戏曲词曲学名家的有任中敏、唐圭璋、钱南扬、王季思、万云骏、汪经昌等多人。

陈定谟的课堂暗号"You see"

1920年前后,陈定谟任教于复旦大学,讲授哲学、教育学、社会学课程。陈定谟早年留学美国芝加哥大学,获硕士学位,但他从来不穿西服,常年是中式长袍。中式长袍是没有口袋的,陈定谟每次上课偏偏要带很多东西,如书刊报纸等,他就在长袍胸前缝了一个大大的方口袋,把书物等一并放在里面。一到课堂上,他就稀里哗啦把这些东西掏出来放在讲台上;下课后,再把这些东西装进口袋里,扬长而去。当时李登辉校长要求教授都用英语讲课,陈定谟表示反对,他我行我素,所有的课都用中文讲。李登辉常常巡视课堂,每当陈定谟看到校长巡视到教室窗外时,立马改讲英语,开头一句总是说:"You see. You see."然后再用英语接着讲课。原来他事先与学生有约定,以"You see"为暗号;只要他在课堂上一讲"You see. You see."就是表示:校长来了,要改用英语讲课了。

邱宗岳一堂课换来一座楼

1921年,留美归来的邱宗岳应张伯苓之邀,到南开大学任化学系教授兼主任。当时南开大学开办不久,条件简陋,化学系只能借用南开中学的实验室做实验。1922年12月初,美国洛克菲勒基金会派代表到南开大学考察,其中一个考察项目是随堂听一位中国教授讲课,并且选定了邱宗岳。那堂课按进度是定性分析,这本来是比较枯燥的内容,但邱宗岳却讲得头头是道,不仅重点突出、层次分明,而且语言生动,把复杂的概念讲得深入浅出。听课的美国专家表示,想不到在中国私立大学里有这么高水平的教师和讲课。不久,洛克菲勒基金会决定资助南开大学建造科学馆,并捐赠科学馆所需的仪器设备。1923年10月,科学馆竣工落成,命名"思源堂"。"邱先生一堂课为南开争来一座楼",也成为南开大学的一个佳话。

熊十力在家授课

熊十力经梁漱溟推荐于 1922 年到北京大学哲学系任特约讲师，讲授唯识论等课程。最初的几次课，熊十力的讲课效果不太好，他自己也很沮丧。熊十力认为自己不适应在教室里上课，便在系办公室门口贴了一张告示，"师生蚁聚一处，究竟有何益处？"他在告示中写了在家授课的好处，"能有二三子聚而教之，而不相干之学子，亦不愿其与于斯课"。校方默认了他的要求，熊十力于是改到自己家里上课。他在家中，从不坐着讲，而是让学生围坐在四周，自己站在中间讲；他的课是两节，但他每次一开讲，便口若悬河一泻千里，没有三四个小时停不下来。每讲到得意处，他总是情不自禁地随手在学生的头上或肩膀上重重一拍，随即哈哈大笑，声震屋瓦。有时候下手挺重，学生上课就抢后排坐，熊十力看出了端倪，便从后排学生拍起。后来熊十力得知梁漱溟在京郊租了几间不错的平房，索性和几个弟子搬去同住同吃，由学生管理伙食，课当然也就在那里上了。

胡刚复提着实验箱奔波于宁沪两地

胡刚复获哈佛大学物理学博士学位后，回国任教于南京高等师范学校，同时兼教于他兄弟创办的上海大同大学。1923年南京高师理化楼失火，他精心创办的实验室和亲手制作的许多实验仪器被烧毁。为了不耽误学生的实验，胡刚复每周在上海大同上完课后，就将大同的实验仪器装在一个硕大的藤条箱子里，然后提着这个箱子赶火车去南京，用这套仪器再为南京高师学生授课；南京高师的课上完后，再提着箱子回上海。每周如此往返，整整坚持了一学年。胡刚复重视实验教学，注重培养学生的动手能力，在他的实验课上，没有现成答案，他的口头禅是："做了就知道了。"如果实验仪器坏了，谁也别指望用新的，胡刚复总是责成学生自己设法将仪器修好，然后再做实验。

瞿秋白每次上讲台都很突然

1923年初，瞿秋白到国共两党合作创办的上海大学任教并当社会学系主任，讲授社会学、社会科学概论等课程。瞿秋白每次进教室，都很突然、很隐身，"突然出现在讲台上，教室里的学生谁也没有注意到他是什么时候进来的"。这好像比较神秘，但瞿秋白自认为效果很好，能使喧哗的教室瞬间安静下来。瞿秋白每次讲课，他总是先在讲台上凝神屏气静默几分钟，似乎是在酝酿情绪，也似乎是在让学生集中注意力，然后才用极低的声音吐出第一句话。瞿秋白上课的最大特色还是在教学内容上，那就是理论联系实际。瞿秋白的学生杨之华回忆说：他讲课"没有华丽的辞藻和空谈"，"同学们的水平参差不齐，他为了使大家明白，引证了丰富的古今中外故事，深入浅出地分析问题，把理论与当前的实际斗争相结合"。因此，"大家都很喜欢听他的课，除了社会学系本班的学生，还有中文、英文系的学生，还有其他大学的党团员学生，甚至还有教师，都愿意来听他的课"。

陶行知武汉上演鸡吃米

1923年秋,陶行知应邀到武汉各高校演讲生活教育理论。有一次,主持人致辞以后,陶行知提着一个箱子走上讲台,他一言不发地打开箱子,从里面捉出一只大公鸡,放在讲台上,台下听众大惑不解,不知道他葫芦里卖什么药。随即陶行知从口袋里掏出一把米,然后按住公鸡的头,强迫它吃米,大公鸡嗷嗷尖叫,就是不吃;陶行知再使劲掰开鸡嘴,拿米强行往鸡嘴里塞,大公鸡拼命挣扎,还是不吃。最后,陶行知松开手来,恢复了鸡的自由,自己退到一段距离之外,只见大公鸡扑棱扑棱翅膀,缓缓踱到有米的地方,自顾自地吃起来。这时,陶行知开始了他的演讲:"我认为,教育就跟喂鸡一样,先生强迫学生去学习,把知识硬灌给他,他是不情愿学的,即使学也是食而不化,过不了多久,他还是会把知识还给先生的。但是,如果让他自由地学习,发挥他的主动性,那学习的效果就完全不一样了。"

杨石先课堂上罕见的幽默

杨石先1923年自美回国,担任南开大学化学系教授、理学院院长,讲授普通化学、有机化学等课程,向以要求严格著称。在课堂上,他制定了一些比较严苛的规定,比如,女生必须坐第一、二排,男生从第三排坐起;对教室里的座椅进行编号,每个学生座位固定,不准调换座位;每次上课严格点名,迟到十分钟不准进入教室,记作旷课。杨石先无论课上还是课后,始终不苟言笑,学生和年轻助教都很怕他,大多敬而远之,背后甚至称他"阎王"。有一堂实验课,一个学生用移液管吸取稀盐酸标准溶液,恰好杨石先巡视走到他身旁,学生一紧张将溶液吸入嘴里,呛到喉咙咳个不停。竟然在老师面前违反操作规定出事故,学生被剋,其他同学也面面相觑。杨石先见状,竟罕见地微笑起来,安慰这个学生说:"吃一点稀盐酸到胃里没什么害处,反而可以助消化!"

王国维课徒在家在校判若两人

王国维生性孤僻，不喜交际。他于1925年到清华国学研究院任导师，那时他脑后还拖着小辫子，每临堂授课，他自顾自只管讲，讲完课就走人，很少与学生交谈互动。王国维在学问上对学生要求很严格，曾有学生提议办刊物、发文章，他当即表示反对，他对学生说："刊物不必办，以你们这样的年龄，应该多读书，少写文章；即使写了，也不必发表。"他对学生提出了"六不"要求：不放言高论；不攻击古人；不议论他人长短；不吹嘘；不夸渊博；不抄袭他人言论。王国维在课堂上给学生的印象是：不苟言笑，恍如隔世。然而在家里，王国维却判若两人，他对上门求教的学生，都很热情地接待，诘难问疑，知无不言言无不尽。东南大学曾有几个学生专程从南京到北京登门求教，王国维不仅与他们切磋学问，相谈甚欢，晚上还安排他们在自己家里住下继续探讨。1926年12月3日，王国维50岁生日，清华国学院学生登门给他拜寿，数日后他在家中设宴答谢学生,席间他向学生展示他收藏的金石拓本,并神秘兮兮地说这些收藏一般都秘不示人的。

赵元任开给学生的《语条儿》

赵元任早年留学美国,先在康奈尔大学修数学,后到哈佛大学修哲学、音乐,曾到康奈尔大学物理系当讲师,又到哈佛大学从事音韵学研究。1925年赵元任被聘为清华大学国学研究院导师兼哲学系教授,成为清华国学研究院初期"四大导师"之一。赵元任是个罕见的全才,最突出的是语言奇才,精通多门外语,能说我国数十种方言。赵元任在清华讲授的课程有方音学、普通语言学、音韵学。1926年春的一堂课上,赵元任向学生推荐了自己编的格言体《语条儿》,其中有关笑话的大白话有这样几条:"笑话笑着说,只有自己笑;笑话板着脸说,或者人家发笑;正经话板着脸说,只有自己注意;正经话笑着说,或者人家也注意;没有预备好'例如',先别发议论;凡是带凡字的话,没有没有例外的。"

梁启超不怕听课的学生越来越少

1926年梁启超到北京师范大学兼课,讲授中国文化史,这门课为历史系必修、全校选修。校方考虑到梁启超的名声,怕选课的学生太多,将上课地点安排在风雨操场。开讲以后,果然来听讲的学生很多,风雨操场上人头济济好几百人。当时没有扩音器,梁启超讲课几乎就是大声"喊课",但坐在后面的人仍然听不清楚,即便坐在前排,也没多少人听得清梁启超那浓厚的新会乡音。梁启超讲过几次以后,来听讲的学生越来越少,校方见状,就把这门课改到教室里上,每次上课也就四五十人左右,而且学生的面孔常变。某堂课梁启超进教室,一看只有稀稀拉拉二三十个学生,心中颇不快,一问才知道是当天师大与清华有篮球赛。梁启超对学生大发感慨:"做学问肯定不如打球好玩,……他们以前来听课,并不是想跟我做学问,只是要看看我梁启超,和动物园里看老虎大象一样,有的看一次就够了,有的看个两三次也就够了。"随后他话锋一转:

"不过，我并不失望，不要多，只要好，我在时务学堂，也只有四十来个学生，可是出了蔡松坡、范源濂、杨树达，一个顶十个。"

叶公超布置学生英译《怨情》

叶公超1924年获剑桥大学文学硕士学位，1926年回国任北京大学英文系讲师，其后任清华大学、西南联大外文系教授，讲授英国文学等课程。叶公超一贯名士派头，课堂上经常别出心裁，课堂氛围十分随意、轻松。某一堂课，叶公超布置给学生的练习题是英译李白的《怨情》："美人卷珠帘，深坐颦蛾眉。但见泪痕湿，不知心恨谁。"同学嘴里读着这首诗，但都面露难色，感到无从下手，有一位同学站起来问叶公超："喂，乔治（叶的英文名），你叫我们翻译李白的这首诗，不管作者李白理不白，可没有交代清楚，美人儿心中到底怨的是谁呀？"故弄玄虚的提问引起哄堂大笑，叶公超挥挥手让大家安静下来，苦笑着回答说："我哪儿知道她心里怨谁呀？我要是知道，也就不叫你们翻译了。"

黄侃在北京师大每课以批钱开场

黄侃爱骂人，在课堂上也不例外。1927年黄侃到北京师范大学中文系讲授《说文解字》，每次上课，先不开讲，而是坐在那里吸烟，一支接一支，什么话也不说，十多分钟后，他才开始讲课。当时钱玄同也在北师大中文系任教，他主张废文言、倡白话，为黄侃所不容，所以黄侃每次讲课，总是以批钱玄同为开场白。有一堂课，他的开场白是："钱玄同偷了我的学问去疑古，连姓都不要，竟叫什么'疑古玄同'了。他是我的师弟，他知道我嘴馋，在桌上摆了一包花生米，一瓶酒，我不由得就吃了喝了，到我半醉时，他就开始问了，我不由地顺问顺答，说给他听了。就这样他偷了我的学问。"黄侃课上骂钱玄同，每次换个骂法，居然课课不重复，等骂够了，他才开始讲正题。后来有同学也去听钱玄同讲的《说文解字》课，觉得钱玄同的课知识面广、实用，风格与黄侃大不同。因此学生们对黄侃批钱，也就不当回事了。

陈岱孙自律用中文讲课

1927年秋,留美归来的陈岱孙从上海乘船北上,到清华大学经济学系任教。在船上,陈岱孙偶遇几个清华的学生,闲聊中得知,清华老师讲课多中英文并用,尤其是讲重要的概念术语,更是离不开英文。陈岱孙听了,当时没说什么,但心里不是滋味。入职清华后,陈岱孙担任经济学概论、财政学、经济学史三门课的教学。他在备课时,将这三门课程中所有的概念、术语和借以表达的词句统统译为中文。每一门课从头到尾,他都用中文讲授,并将此作为他以后几十年讲课的"自律原则"。据清华学生和西南联大学生回忆,陈岱孙每次上课都西装革履,讲课条理清楚、丝丝入扣,掌握课堂时间竟能"分秒不差":"陈先生讲课深入浅出,口若悬河,头头是道,且没有一句废话,一直到最后一句话讲完,恰好下课的钟声也响了。"在陈岱孙的课上,学生都主动做笔记,只要把他讲课的话完整记录下来,不必增减,便能成文、成书。陈岱孙是清华著名的

"讲义派"，备课精益求精，讲义反复修改、烂熟于胸。他的课成为清华最叫座的课之一，其来有自。

中央大学的"三不来教授"

1928年黄侃到南京中央大学兼课，讲授词章、训诂学、文学研究法等课程。刚受聘于中大时，黄侃与校方约定，有三种情况他不到校上课，即"下雨不来，下雪不来，刮风不来"，因而有"三不来教授"之称。久而久之，黄侃来不来上课，就成为学生的"天气预报"，学生中流传的一句口头禅是"今天天气黄不来"，意指下雨下雪刮风天。但疑似下雨下雪刮风天，也让学生为难：黄先生今天到底来不来上课？黄侃授课，一向不布置作业，也不肯批改考试试卷。教务室催要学生分数，黄侃就在纸条上写"每人八十分"五个字交上去。教务主任问为何都是八十分，黄侃曰："学生总想甲等，给九十分嫌多，七十分则非甲等，八十分还恰当也！"黄侃不修边幅，终年穿一件旧蓝布泛白大褂，不佩校徽，不用皮包，来上课时只挟一个又旧又大的布包，里面裹着一大摞古籍。出入校门，门卫见这么邋里邋遢一个人，又没有校徽，拦住不予放行，闹出误会。后来，每当上下课时，系里命一同学随行，到门卫处以证明其身份。

鲁迅在中山大学的第一课

1927年初，鲁迅从厦门大学转到中山大学，任中文系教授兼主任，兼任教务主任，讲授文学概论、中国文学史、中国小说史三门课。由于慕名选课的学生太多，仅文学概论课就有学生二百多人，上课地点只好改在大礼堂，时间安排在晚上。第一堂课，鲁迅走上讲台很自豪地说：我能够站在孙中山先生讲演三民主义的地方来讲课，深感荣幸！接着介绍了自己的学习经历：去日本留学之前是学天文，以后改学地质，因为两样都搞不成，所以才来搞文学，是所谓"上穷碧落下黄泉，茫茫两头都落空"。接着他开始讲课，用的教材是日本厨川白村的《苦闷的象征》中译本。由于大礼堂里没有扩音设备，鲁迅的声音又很低，绍兴口音又较重，因此很多同学都听不懂，纷纷打了退堂鼓，最后剩下来的听讲者，都是文学系必修的学生。

陈寅恪的"四不讲"

陈寅恪在大学任教多年，他常对学生说自己有"四不讲"："前人讲过的，我不讲；近人讲过的，我不讲；外国人讲过的，我不讲；我自己过去讲过的，也不讲。我只讲未曾有人讲过的。"陈寅恪在清华大学任中文、历史两系合聘教授期间，教授同事慕其学识，也常去听他的课，例如吴宓，基本上风雨无阻每课必到，并称陈寅恪的课"吱吱精金美玉"，此外，朱自清、冯友兰以及时在北大任教的外国教授钢和泰也常来听讲。无论是学生还是教授，听陈寅恪讲课，经常有些地方听不懂，直到陈寅恪在黑板上写了板书，听者才恍然大悟，原来刚刚讲的，有些是德文，有些是俄文，有些是梵文。当时清华园里都称陈寅恪是"活字典""活辞书"。文史两系学生见那么多老师与自己同堂听课，因而都尊称陈寅恪为清华大学的"太老师""教授的教授"。

林语堂首堂课请学生吃花生

1928年秋，林语堂到东吴大学法学院兼教英文。开学第一堂课，上课铃停了之后好长时间，他才夹了个皮包姗姗来迟。林语堂不紧不慢走上讲台，一言不发，只是打开皮包，倒出一堆带壳的花生，一把一把分给学生，学生不明底细，谁也不敢吃。林语堂分完花生开始讲课，他操着一口流利的英语，大讲花生之道，"吃花生必吃带壳的，一切味道与风趣，全在剥壳。剥壳愈有劲，花生米愈有味道"。然后，他从花生米转到学习上，带出了要点："花生米又叫长生果，诸君第一天上课，请吃我的长生果。祝诸君长生不老！以后我上课不点名，愿诸君吃了长生果，更有长性子，不要逃学，则幸甚，三生有幸。"也不知是指学生三生有幸还是他自己三生有幸，但是他的课幽默风趣，受到学生追捧自在情理之中。

沈从文第一次上课怯场挂黑板

1929年,沈从文由徐志摩推荐到上海中国公学任教,讲授小说习作。沈从文当时虽然已在文坛崭露头角,但毕竟只有小学学历,初次登上高校讲坛,心中十分胆怯。为上好第一堂课,他埋头备课好几天,准备了很充分的资料。可是,当他第一次走上讲台,看到教室里黑压压一片人头,顿时心狂跳、脸发红,大脑一片空白,将近十分钟竟然一句话也说不出来,像木鸡一样呆站在讲台上。后来好不容易开了口,准备了满满一堂课的内容,他像小学生背书一样十几分钟就倒完了,然后又面对着黑板、背对着学生呆站在讲台上。十多分钟又过去了,只见他在黑板上默默地写了几个字:"我见你们人多,怕了。"学生对这位老师很失望,于是告到校长胡适那里,说沈从文没资格给他们上课。胡适听了不置可否,后来还对人解释说:"上课讲不出话来,学生也没有轰他下台,这就算成功了。"

"刘体 f"

刘仙洲先后任教于北洋大学、东北大学、唐山工学院、清华大学、广西大学、西南联大等多校，讲授机械原理、热机学课程，很讲究教学法。可能是由工程学科的特性所决定，刘仙洲上课也以严谨著称：教学内容结构严密，深入浅出；一二三四，条理清楚，便于学生笔记。他的众多学生都说，只要在课上把刘老师的话原原本本地记录下来，无须多少修饰，就是一本很完整的教科书。每堂课，刘仙洲都能做到很准点地讲完，从不拉进度，不拖堂。而且，刘仙洲的黑板板书也罕见的工整，"钢板刻出来的一样"。清华的很多学生特欣赏刘老师写的英文字母"f"，别具一格，非常优美，于是群起效仿，以至这种"刘体 f"在清华校园里不胫而走，成为通用体，有的学生直到老年还保持着这种写法。

黄际遇兼授数学中文两系专业课

黄际遇1906年留学日本东京高等师范学校，主修数学，是日本著名数学家林鹤一教授的高足，其间曾从章太炎游，得窥文字学、音韵学门径，后又留学美国芝加哥大学研修数学，获硕士学位。从1914年起，黄际遇先后任武昌高等师范学校、河南中州大学、广州中山大学、青岛大学、山东大学等校教授。在将近四十年的教授生涯中，黄际遇主要在数学系授课，主讲高等微积分、微分几何、近代数学、群论、复变函数等专业课程，但他在多所大学同时也在中文系讲授古文字学、音韵学课程。20世纪30年代在广州中山大学，黄际遇是数学天文系（兼系主任）、中文系双聘教授，为中文系高年级讲授历代骈文、《说文解字》课程，他说："数学系主任可以不当，但骈文却不可不教。"他的学生何其逊描述道：黄师在课上摇头晃脑地吟咏汪中《吊黄祖文》，"伴随着那抑扬顿挫、悠扬悦耳的潮州口音，以手击几，以脚打板，两眼眯缝起来，脑袋不断地在划着圆圈"。黄际遇的板书也很特别,一律用篆体,写得又快又好,可媲美书法作品。

梁实秋上课一分钟也不浪费

1930年,梁实秋应杨振声校长之邀到青岛大学任教,讲授英国文学史、莎士比亚、戏剧入门、欧洲文学批评等课程。这些课程内容广泛而课时又很少,但梁实秋讲得有声有色,很受学生欢迎,他对自己的教学效果也很自信。梁实秋课堂上只管授课,从不检查督促学生,可考试评分却很严格,稍有差错都无情地扣分。对此,梁实秋的解释是,"我讲课,只要学生不是下愚,不是全部不听,总能得其梗概,略具颖悟,稍加钻研,必可臻于深刻,那又何必待我督促呢!至于分数,是绝不可以轻给的,轻划分数,才是教师的失职"。梁实秋上课,时间观念极强,每次都踏着铃声进教室,走上讲台便开讲,从无废话;课毕话音刚落,下课铃差不多也刚好响起。他不无自得地说:"上课时间,一分钟也不能浪费,课间是学生活动和休息时间,一分钟也不能侵犯，所以上下课必须准时。"

钱穆在课上批"疑古玄同"

钱穆于1931年任北京大学文学院副教授，讲授先秦史等课程。当时，新文化运动的干将钱玄同，提倡"疑古"、反对文言文，并将自己的号"疑古"缀于名字之前，一时名声大噪。钱穆与钱玄同，姓同道不同，尤其反对钱玄同疑古，因此，钱穆经常在课堂上痛批"疑古玄同"："事有可疑，不专在古，上古也有许多不可疑之处。比如有人姓钱，此钱姓便属古，没有可疑。近来有人却不姓钱，改姓'疑古'，这是什么道理！"当时钱玄同的儿子钱三强在北大读预科，也经常去听钱穆的课，有人提醒钱穆，"钱玄同的儿子在听你的课呢！"有一次，钱穆和钱玄同被邀在一个宴席上同坐，钱穆略显尴尬，钱玄同倒是不以为意，开玩笑地对钱穆说："我儿子很相信你的话，他不听我的。"

刘半农用数学讲解古声律学

刘半农早先在北京大学预科讲授模范文、文法通论等课程，留学巴黎大学回北大后，开过一门古声律学课。1933年秋，三年级学生张中行选修了这门课，据张中行晚年回忆，当年听这门课的学生一共十来个人，第一堂课，刘半农第一句话就问学生数学程度如何，并说学声律要用到比较深的数学。学生都说只有中学那一点点，刘半农皱皱眉头，表示有点为难，大概是他难，学生也难。讲课中，刘半农还真是常常用到数字。某堂课，讲到一个五位数的声律常数，刘半农费尽九牛二虎之力，想尽量讲得深入浅出，可学生听得还是不甚了了。一年后这门课结束，例行要考试，张中行到了考场，一看只有自己一个人。这时他才知道，选这门课的十来个学生其实正宗的就他一个，其余都是来旁听的。张中行在刘半农的指点下，答完了卷，刘半农当场给他判了70分。

郁达夫兼课之江文理学院

郁达夫因参与民权保障运动，1933年被迫离开上海移居杭州。入秋后，他应之江文理学院邀请去兼课，秋季学期讲授比较文学，次年又讲授世界文学史。郁达夫早年曾就读于之江学堂，所以他回母校兼课也特别顶真。课程主要为中文系开设，但别系选修和旁听的同学也都慕名而来。他每次上课前，广搜资料，认真备课。他自己家里的书已经够多了，应付课程其实没有问题，但有一次为了准备一堂西方文论的课，他竟两次专程跑到上海去查资料。当时郁达夫租借的住处离钟敬文的住处不远，有天路遇钟敬文，郁达夫苦笑着对钟说："我到之江做这个生意太赔本了。"钟问何故，郁达夫说："每个星期也就是三个钟头的功课，足足要花掉我三天的时间。一天消耗在课堂和来回路上，两天花在查资料准备功课上。"

黄侃在金陵大学的最后一课

黄侃晚年任教于中央大学，同时在金陵大学兼课。1935年10月5日下午，黄侃在金陵大学中文系讲授《小雅·苕之华》。他有感于当时国土沦陷，在课堂上用很低沉的声音念了《苕之华》的末章："牂羊坟首，三星在罶。人可以食，鲜可以饱……"接着又念了《毛传》中的句子："牂羊坟首，言无是道也。三星在罶，言不可久也……"随后他话锋一转，比较起中西文化和生活方式的优劣来，从木版书便于批点、便于手持、便于躺着阅读，有种种方便说起，讥讽精装西洋书是"皮靴硬领"；然后又说，中装之文明和舒适也远胜于西装，说罢他当堂两脚一蹭，将自己穿的布鞋蹭下，再两脚伸进去麻利地穿上，对同学说："看，多方便；你穿皮鞋，就没有这么方便了。"下课铃响，黄侃抱着他的黑布书包走出教室。次日，黄侃因饮酒过量致胃出血，医治无效于10月8日去世。

钱玄同释开口、闭口音

钱玄同在多所大学讲授音韵学，这是一门比较难上的课，也是一门容易出错的课。对于国语不太标准的学生来说，很难区别开口音和闭口音，在北京师范大学的音韵学课上，钱玄同设计了一个段子，让学生学讲模，较好解决了这个难点。这个段子是这样的：北平有一位京韵大鼓女艺人，妍姿艳质，特别是一口整齐洁白的牙齿尤为动人。一次事故，女艺人丢了两颗门牙，为了掩饰，女艺人在社交场合尽量免开尊口，每到万不得已时，她就一概用"闭口音"来回答别人的问题——"贵姓？""姓伍。""多大年纪？""十五。""家住哪里？""保安府。""干啥工作？""唱大鼓。"后来，这位女艺人的牙齿修补好了，完好如初。为了显示她那一口美丽的皓齿，再与别人交谈时，女艺人又改成了"开口音"——"贵姓？""姓李。""多大年纪？""十七。""家住哪里？""城西。""干啥工作？""唱戏。"在北京大学的一堂课上，他讲广东音韵，课后一位叫李锡予的广东同学给他写了一封长信，对他讲的广东音提出异议。下一堂课，钱玄同问"哪一位是李锡予同学"，李站起来称是，钱玄同请李坐下后说："我见了你的信了。你对广东音韵的解释是正确的。我不是广东人，对广东音韵是一知半解。很感谢你纠正我的纰漏！"钱玄同当全班同学的面读了李信的要点，大大称赞一番。

闻一多借用算术讲解艺术

20世纪30年代，闻一多先后在青岛大学、清华大学任教，讲授美术史、英美诗歌、戏剧、中国文学史等课程。在一堂美术鉴赏课上，闻一多在黑板上写了一道算术题："2＋5＝?"，学生不知其意，都不出声。在闻一多的一再追问下，学生只好回答说等于7。闻一多接着讲课："不错，在数学上，2＋5＝7，这是天经地义、颠扑不破的。但是，在艺术的领域里，2＋5＝10000也是可能的。"说罢，他展开一幅题为"万马驰骋"的国画让学生欣赏，画面在突出的位置画了两匹高大的奔马，在其后面又画了大小不一的五匹马，再其后便是影影绰绰的许多黑点。闻一多解释说："从整个画面的实际看，只有前后七匹马，然而，从艺术的效果上看，它给人的感觉，恰好似万马奔腾，这不就是 2＋5＝10000 吗！"

章用把黑板挂在胸前授课

章用是民国闻人章士钊的二公子，出生于苏格兰，曾留学英国和德国，1936 年回国，任教于山东大学数学系，后经苏步青推荐到浙江大学数学系任教。浙大迁到建德山沟沟里之后，办学条件和生活条件都异常艰苦，这对从小养尊处优的章用是一个严峻的考验。据苏步青回忆：某一天，章用有课，上课前防空警报突然响起，日机要来轰炸，一个学生跑来问章用："警报响了，老百姓都躲飞机去了，我们还上课吗？"章用反问道："怎么能不上课？"学生又问："那黑板挂在哪里？"章用伸手指指自己的胸脯，"就挂在我胸前吧！"1937 年 9 月章用作诗一首："身分鲸鲵天独赦，绝樱子路予何人。是非今昨殊疑信，夷险存亡迷幻真。亲旧梦前无定首，驿亭镜里乱离身。动心忍性犹应及，斫鼻挥斥好敛神。"这可以看做是他把黑板挂在胸前讲课的精神支柱。1939年章用病逝，年仅28岁。

丰子恺在桂林师范的"最后一课"

1938年初夏，战火延绵，丰子恺一家从杭州迁至桂林。丰子恺任教于桂林师范学校，讲授国文、漫画创作等课程，可好景不长，桂林被炸、长沙被焚、广州沦陷，坏消息接二连三地传来。丰子恺一次给学生讲课，根据广州轰炸的传闻，在黑板上画了一幅凄惨的漫画：一母亲背着婴儿逃向防空洞，婴儿头已被炮弹炸飞，母亲浑然不知，仍背着无头婴儿向防空洞狂奔。1939年初，战事逼近，桂林师范做迁校的准备。丰子恺在桂师的最后一课是国文课，为了这一课，他花了很大功夫自编讲义《国文解话》，选诗词趣话数则，为的是给这凄苦的"最后一课"添加一些乐趣。丰子恺解释说："自从Dauder发表《最后一课》以来，最后一课便带有不祥之气。今吾国正在积极抗战，最后胜利可操左券，故吾之最后一课，必多欢笑，方可解除不祥之气也。"4月6日丰子恺一家离开了桂林，继续西迁。

王淦昌牵羊去上课

1940年，浙江大学迁至贵州湄潭境内，由于长期颠沛，生活清苦，食不果腹，物理系主任王淦昌教授不幸罹患肺结核，终日咳嗽不止。王淦昌妻子打听到一个羊奶治肺结核病的偏方，费尽周折买来三只羊，天天到野外放羊以多产羊奶。王淦昌见妻子忙里忙外，还要照料刚出生不久的女儿，于心不忍，主动为妻子分担，要求牧羊一只。此后，王淦昌每日都负担起放一只羊的任务，即便是上课也不落下。每逢上课的日子，只见王淦昌一手夹着讲义包，一手牵着羊，出家门走上弯弯的山道，在充作临时教室的寺庙前，将羊拴在长满青草的山坡上，然后他走进寺庙去上课；课上完之后，他又一手夹着讲义包一手牵着已经果腹的羊，慢悠悠地回家去。此景延续了相当一段时期，王淦昌也被戏称为浙大的"牧羊教授"。

陈岱孙停课赏雨

抗战时期的西南联大,教学和生活设施极为简陋,很多教室都是铁皮顶,昆明偏偏多雨,每逢下雨刮风天,雨点打在铁皮屋顶上叮当作响,教师讲课时就不得不提高嗓门,但嗓门再高,总也超不过瓢泼大雨的呼啸轰鸣。陈岱孙有一次上课,暴风雨来袭,风声雨声以及铁皮屋顶的叮当声大作,彻底盖过了讲课的声音,就连靠他最近的学生也听不清,其实,即便是两个紧挨着的同桌之间大声说话,互相都听不清。陈岱孙见状,一脸无奈,最后只好在黑板上写下四个大字:"下课赏雨。"有好事者为此题诗:"风声雨声读书声,声声入耳。"当时的西南联大由于教室条件太差,一些教师不得已,只好利用附近的茶馆当作教室,也是事出有因。

金岳霖的逻辑课"语无伦次"

西南联大时期，金岳霖开了一门符号逻辑的选修课。这门课要用到数学，学生都望而生畏，选修的人很少。据吴小如回忆：这门课用的教材是金岳霖自己写的《逻辑》，但他很少按教材讲，想到哪里就讲到哪里，常常"语无伦次"。金岳霖常年戴一顶长舌呢帽，进教室也不脱下，每给新一班学生上课，开场白总是说："我的眼睛有毛病，不能摘帽子，并不是对你们不尊重，请原谅！"他上课喜欢提问，但又叫不出学生的名字，常常上课一开始他就宣布，"今天穿红毛衣的女同学回答问题"，于是所有穿红毛衣的女同学都会紧张整堂课。王浩是选修这门课的学生之一，金岳霖当时就很赏识王浩，有时讲到某一个问题，金岳霖会突然停下来问："王浩，你以为如何？"然后，整堂课就成了他们师徒二人的对话。吴小如回忆说：期末我一边读金先生的《逻辑》，一边回顾他讲课的内容，才发现"金老讲了一年的诗，他是把逻辑的道理用诗的手法表达出来了"。

刘文典月下讲《月赋》

刘文典有名士派头，讲课也很个性化，别有心裁，也很随意。西南联大学生描述刘文典上课的情形："上课前先由校役沏一壶茶，外带一根两尺来长的竹制旱烟袋。讲到得意处，他就一边吸旱烟，一边解说文章中的精义，从不理会下课铃响，有时一高兴就讲到五点多才下课。"有一次，他上了半小时课就提前结束了，对同学说："今天提前下课，改在下星期三晚饭后七点继续上课。"当时处在战时，为防空袭，很少晚上点灯上课，所以大家对刘文典的这个主意都很诧异。直到星期三那一天，学生才终于明白，那天是阴历五月十五，刘文典要趁着月色讲《月赋》。那一天夜幕降临、圆月初升之时，空地上摆了一圈座位，刘文典端坐中间，当着一轮皓月开讲《月赋》，其情其景令人陶醉。

蒙文通以茶馆为教室和考场

抗战全面爆发后，蒙文通任教于四川大学和华西大学，讲授中国上古史等课程。时值战时，办学条件难以保证，加之蒙文通生性自由，他不喜欢在教室里上课，早先经常把课放在自己家里上，后来茶馆成了他最喜爱的上课场所。蒙文通是四川人，喜欢喝茶，而成都的茶馆又遍地都是，十分方便。在茶馆里上课，师生一边喝茶（当然是蒙文通掏钱），一边讲课，蒙文通很得意地对学生说："你们在茶馆里头听到我讲的，在课堂上不一定听得到喔！"更有甚者，蒙文通连期末考试也不放在教室里，而是以川大旁边望江楼公园竹丛中茶馆为考场，学生按指定分组去品茗应试。无独有偶，这种情况在当时的西南联大也很常见，由于教室条件太差，教授经常把茶馆当作教室；由于图书馆和宿舍的条件也很差，学生同样离不开茶馆。联大学生周锦荪曾回忆说："买一杯最便宜的普洱茶只要五分钱，而且有煤气灯照明，最重要的是可以占着位子坐一个晚上，读书写字十分清净。"每天晚饭后，学生三五成群钻进一个个茶馆，不到茶馆打烊不见他们出来。初时，茶馆的老板们很头痛这些学生，后来跟学生熟了，也慢慢地理解了这些学生的苦处，有些茶馆还对大学生特别优惠，喝白开水只收三分钱，时间不限。

杨武之板书写错一字当堂自罚

杨武之长期任教于清华大学数学系，曾任数学系主任，虽为数学教授，但他对学生的文字要求却极为严格，近乎苛刻。他对学生有规定，不管是谁，不管在什么场合，也不管是什么原因，只要写了错别字，事后必须把错别字更正过来，而且必须在自己的作业本上将正字重写一百遍。西南联大时期，教学环境很简陋，外界干扰较多，某天杨武之上课时，稍一疏忽，在黑板上写了一个错别字。他自己虽然马上就发现了，但他不露声色地将课上完，下课铃响后，他没有宣布下课，而是在学生的众目睽睽之下，在黑板上把那个错别字更正过来，然后重写了一百遍。他转身对学生说：你们是学生，我是老师，你们写错别字，我要你们在作业本上重写一百遍，老师写了错别字，一定也要受惩戒，因为我是在为人师，因此我当着大家的面在黑板上自罚抄一百遍。

顾随讲诗妙语通玄

20世纪40年代，顾随先后执教于辅仁大学和中国大学等校，讲授唐宋诗选。他的学生周汝昌回忆说，顾师讲课如"登堂说法"，"偶言禅偈，语妙通玄"。讲到诗词风格，他以李、杜为例："坑深粪落迟"，是杜甫的诗法，而"黑狗一飞飞上天，白狗一去三千年"，是李白的诗法——这就是风格。全班大笑，领悟了诗词风格。又例如《望江南》一词，"梳洗罢，独倚望江楼，过尽千帆皆不是，斜晖脉脉水悠悠——肠断白蘋洲！"顾随作如是讲解：这首小令计二十七个字，句法分：三、五、七、七、五。一上来，只三个字，便"告知"读者：这是一位女性，她是在清晨时刻，刚刚睡起，第一件事必须梳洗。

这位女性梳妆既妥,独自倚在望江之楼上,凝神远眺。她看什么?她看的是来往的帆船。她看了多少?曰:千帆。她在寻找什么?词人不言,先生不讲——却接上了一个"皆不是"!不是什么?又不见交代一字,暗示片词。然后,那笔锋一转,忽然接道"斜晖",在脉脉无言而与人"对"面心照不宣了。顾随的学生叶嘉莹回忆说:"顾先生所讲的都是诗歌中的精华,而且处处闪耀着智慧的光彩。""先生之讲课,真可说是飞扬变化、一片神行。"

朱光潜讲授英诗泪流满面

抗战时期,朱光潜在迁至乐山的武汉大学外文系任教。1944年他讲授英诗课,有一堂课的内容是华兹华斯的长诗《玛格丽特的悲苦》,这首诗写的是一位妇人的悲惨的故事:独子外出谋生,七年杳无音讯,诗人隔着沼泽,每夜都能听到妇人呼唤儿子的凄切声音。课堂上,当朱光潜读到"the foles of heaven have wings,…Chains tie us down by land and sea"这一句时,声音突然哽咽起来,眼里盈溢着泪光，不得不停了下来；心情稍稍平静之后，他接着又读下去，可当他读到"If any chance to have a sigh, they pity me, and not my girf"一句时，再也控制不住自己，眼泪淙淙流了出来，无论如何也讲不下去了。朱光潜急忙合上书本，飞快走出了教室，而满堂学生受到老师情绪的感染，竟长时间默默无语坐在教室里，一动也不动。

金岳霖与周礼全的师生辩论课

清华大学哲学系研究生周礼全1946年选修了金岳霖的"知识论研究"一课，选课的学生只有周礼全一人，金岳霖特课特上，先开出书单由周礼全阅读，然后师生二人交流讨论。由于周礼全生性好辩，师生二人的讨论课常常是唇枪舌剑。有一次，金岳霖提出了自己的一个理论，周说这个理论的思路还不够清晰，金岳霖很费力地又细细解释一遍，周还是说不理解。金岳霖生气地说："你这个人的思想怎么这样顽固！"周礼全回怼："不是我思想顽固，是您思想糊涂！"金岳霖气得脸涨得通红，霍地从椅子上站起来，双手支在书桌上，两眼圆睁狠狠盯着周。周礼全自知失礼，等着老师一顿骂，谁知道金岳霖盯了他片刻后，竟喃喃地说道："我思想糊涂，我思想糊涂。……今天的课在此打住。下次上课时，我们继续讨论。"周礼全回去后，很后悔，想下堂课要向老师道歉。一个星期后再上课，还没等周礼全开口，金岳霖又花了二十分钟的时间来阐释他的那个理论，他俩的辩论又重新开张。

梁思成直到期末才发现全班皆旁听

1947年梁思成在北京大学讲授中国建筑史课，全班听课的学生二十人左右。梁思成精心备课，并用先进的光电设备演示他多年研究拍摄的各种古建筑图片，课程内容直观、生动，饶有趣味。期末最后一堂课是考试，梁思成对课堂里的同学说："课讲完了，为了例行公事，总得考一考吧！诸位说说，怎么考为好？"同学们面面相觑，无人答话。梁思成再次强调："反正是应付公事，你们觉得怎么好就怎么考。"依然无人应答。梁思成若有所思，于是对课堂里的同学说:"请正式选修本课的同学,把手举起来。"梁思成环顾教室,见没有一个学生举手,这才恍然大悟,苦笑着对他们说:"原来诸位都是来旁听的,谢谢诸位捧场!"言罢,梁思成对学生作一大揖,一学期的课程到此结束。

育才篇

严复自掏腰包奖赏王恺銮

安徽高等学堂1907年期末大考,作文题目是《张巡论》,总分一百。唐代张巡杀爱妾为军中将士充饥的故事,历来被宣扬为忠君爱国的英雄事迹,学生们也都是按照这个框框去构思的。唯独王恺銮在作文中写道:"张巡杀妻妾,属野蛮行径,忍心害理,而无益于兵,也违男女并重之道……"对张巡杀妾食人的行为予以痛斥。主考先生固守旧例,对这篇离经叛道、有违纲常的作文只给了很低的40分。次日,全部作文卷交给学堂监督严复审核,严复在读完这篇作文之后,竟兴奋得击节称赞,当即差人把王恺銮叫来。严复仔细询问了他几个有关问题,见王恺銮都能从容应答,严复心喜,然后在试卷上增删了几个字,最后从腰包里掏出10银元给王恺銮,说是对他这篇作文的特别奖励。主考先生后来听说这件事,悄悄将王恺銮的作文分数由40分改成90分。

蔡元培推荐许德珩译书半工半读

许德珩1914年考入北京大学，因家道贫寒，生活比较艰苦，冬天没有棉衣，只穿一件夹袄，也没钱在学校食堂包伙，只能在学校附近的小饭铺里吃最便宜的饭食。蔡元培就任校长后不久，许德珩去校长室见蔡元培，面陈自己的困难，恳请校长为他推荐一个半工半读的机会。蔡元培思忖了一下，问许德珩外文程度如何，许说会英文，蔡元培随即从书架上取出一本英文版《多桑蒙古史》，择出书中几页要许德珩当场译成中文。许德珩坐在校长室用两个小时译了一千多字，蔡元培阅过译文，颇为赞许，于是推荐许德珩到北大国史编纂处，课余翻译这部《多桑蒙古史》，每月薪酬10银元。从此许德珩不仅生活无忧，还能每月寄些钱给母亲补贴家用，此事一直维持到他1919年毕业为止。

陈时放手恽代英任学报主编

1915年5月,中华大学《光华学报》创刊。同年夏,恽代英从预科升入本科主修哲学,在学期间,恽代英思想活跃、文笔犀利,积极为《光华学报》撰写各类稿件,在不到两年的时间内,就发文15篇之多,还参与了学报的编辑事务,深受校长陈时赏识。1917年初,《光华学报》主编刘树仁因"事权不统一,交稿付印不能克期"为由,辞去主编一职。陈时校长找来恽代英,明言请恽接任主编,并表示由他"负完全责任"。恽代英不仅接下了这件美差,竟然还向校长提出了几个建议,包括在封面刊登要目、在其他报刊上发广告、主编全权决定录用稿件、鼓励学术争鸣等等,颇有向校长要"自主权"的意思。陈时非但不以为忤,而是毫不迟疑地"尽允所要求","仍任以全权办学报"。从此,中华大学《光华学报》就由大二学生恽代英主编,面貌也随之焕然一新,成为宣传新思想的阵地。

黄侃命陆宗达重复标点三本《说文解字》

陆宗达1922年考入北京大学，其间师从黄侃研习文字学。陆宗达第一次去见黄侃，黄侃没有给他讲课，只给他一本《说文解字》，交代他说："回去点上标点，点完再来见我。"陆宗达遵命回去做功课，几个月后他带着标点过的书去见黄侃，黄侃见那本书已经卷了边，翻了几页后说："再买一本，重新点一次。"陆宗达遵命而行。再去见黄侃时，陆宗达呈上点点画画已经不成样子的第二本《说文解字》，黄侃阅过，点点头，依旧冷冷地说："再去买一本重新点上。"陆宗达第四次去见黄师，交上翻得破破烂烂的第三本《说文解字》，并问道："先生，是不是还要再点一本？我已经买好了。"黄侃语气比较轻松地说："标点三次，《说文解字》你已烂熟于心。这文字之学，你已得大半，不用再点了。以后你做学问，也可以不再翻这本书了。"陆宗达晚年回忆说："当年翻烂了三本《说文解字》，后来，碰到有关的学问，轻松得如庖丁解牛。"

袁嘉谷赞浦光宗论文"所得不少"

1923年,云南史上唯一的状元袁嘉谷应董泽校长之邀,到新建的东陆大学讲授国学。袁嘉谷讲课以经学为主,兼及考据辞章义理,旁征博引,雄辞闳辨,颇受学生欢迎。土木系学生浦光宗自幼爱好文史,每逢袁嘉谷上课,他早早就到,抢坐前排位置。期末课程考试,袁嘉谷让学生自选题目做论文一篇。浦光宗的论文题为《杞宋轶事考》,文中考证了孟子、庄子、韩非子,论文结尾写道:"虽然彼一也,此一也,故生不知死,死不知生,来不知去,去不知来,吾何容心哉?"袁嘉谷批给此文98分的高分,并且在文卷上批语曰:"此题殆古人所未作,作者亦所得不少。以臆料之,数年之功,可穷群芨以成完璧不难也……仓猝成文,即有可观,再加以十年、二十年,何所不成?勿自画也,勿自矜也。"

王国维为姜亮夫定题诗骚联绵字考证

姜亮夫1925年考入清华国学研究院,王国维是他的导师。某日晚上七点多,姜亮夫带着自己新填的一首词,登门到王家请导师指点。王国维阅过后对姜说:"你说过想做诗人,据我看,你这个人理性的东西多,感情较少,而诗恰恰是复杂感情的产物。不过,你这首词倒还可以。"说罢就动手修改起来,改完后,已经九点多了,王国维还让家人提着灯和他一起送姜亮夫回宿舍。几日后,王国维叫姜亮夫来家商讨选题,王国维对姜说:"你的声韵、训诂学得都不错,但文字方面尚不够,你自己有何打算?"王国维要求姜自己先考虑选题。数日后,姜亮夫来到王家,谈了自己想做广韵方面的题目,王国维不甚满意,沉思片刻后,他建议姜做"诗骚联绵字"考证,并将自己收集的许多研究资料交给姜。就此,姜亮夫走上了楚辞研究的道路。

饶毓泰聘大三学生吴大猷兼任助教

饶毓泰1922年获普林斯顿大学博士学位，旋应张伯苓之邀到南开大学任教，并负责筹建南开大学物理系。他与吴大猷的交集是在1926年。吴大猷1921年入学南开中学，1925年中学毕业报考南开大学，他感觉物理很难，所以进了南开大学矿科。在矿科一年级，吴大猷如鱼得水，各门课程都学得很轻松，成绩殊优，被免除了二年级的学杂费。然而，也许是命运的安排，就在他二年级开学时，南开的矿科突然宣布停办，根据学校的安排，矿科学生可以转到本校的理科各系，也可以转学其他大学的矿科。吴大猷考虑到可以免除学杂费的因素，不想转学外校，也由于他通过一年的学习对物理学的看法有所转变，于是选择转到本校的物理系。然而，就在他转到物理系之后，饶毓泰教授的课还是让他再次感觉到物理之难，他后来回忆说："饶毓泰教授是我最怕的一位老师，每次听说他有事不能来上课，我心里就舒坦极了。"也正因为饶毓泰的课很难，激发了吴大猷的兴趣、努力和智力，他的各门成绩都名列前茅，深受饶毓泰赞许。就在吴大猷三年级时，物理实验课老师辞职他去，一时找不到合适的人选，饶毓泰决定临时聘请吴大猷兼任实验课助教。1929年吴大猷毕业，又是饶毓泰提名吴大猷留校正式任物理系助教。

闻一多破格录取臧克家

1929年，臧克家到青岛大学补习班学习了半年，在文史方面显示出很高的才气，但偏科严重。1930年夏，25岁的臧克家正式报考青岛大学，据传，他的考试成绩，数学0分，语文98分，最终被破格录取，成就了青岛大学"新生录取史上"的"一个例外"。当年的语文考题由文学院院长兼国文系主任闻一多命题，两道作文题任选其一，一是"你为什么报考青岛大学"，二是"生活杂感"。臧克家两道题都做了，他的"生活杂感"就写了一句话，即："人生永远追逐着幻光，但谁把幻光看作幻光，谁便沉入了无边的苦海。"闻一多判卷历来毫不留情，那一年的语文考卷得5分、10分的多得很，得60分就很了不得，而臧克家得98分，无疑是这一句杂感打动了闻一多。

陈寅恪批语"孙陈不可比"

1930年5月初，清华国学研究院学生罗香林完成了题为《客家源流》的毕业论文初稿，旋交导师陈寅恪批阅。数日后一天下午，罗香林按约到陈家去取导师批改过的论文，门房将他带进客厅后，正好遇见陈寅恪夫人，陈夫人客气地对罗说："陈先生刚刚午睡。请你稍为坐坐，等陈先生休息好了，我代你讲去。"就在这时，陈寅恪从旁边的卧室出来了，正要张口与罗讲话，陈夫人却有些恼了，对陈寅恪说："你是要午睡的，怎么忽然又起来了呢?"陈寅恪解释道："我在床上还没有睡着，听了说话声，知道罗先生来了。他不知道我要午睡，又是难得来的，所以就起来了。"陈夫人不满地说道："午睡就是午睡，睡不着也要休息。"罗香林在一旁觉得很尴尬，急欲告辞，陈寅恪拉住了他，让他小坐片刻,并说:"论文我看过了,很好。"随即到书房里取出论文,又嘱咐了几句,这才让罗走了。罗香林边走边看陈师寅恪在论文上的批语,其中在关于孙中山家系和陈寅恪家系的考证部分,陈寅恪批曰:"孙先生开国伟人,自宜表白;寅恪何得与比,万请删去。"

胡适和杨鸿烈、马君武都看好的满分学生

1930年前后,胡适、杨鸿烈、马君武都在中国公学任教。胡适当时任中国公学校长,由于全校公共课中国文化史一门无人肯上,遂亲自兼授。期末考试,有一个坐在第一排的瘦小女学生,引起了他的注意,考试规定时间三小时,这个女生不到两个钟头就做完交卷。胡适批完卷子,送到教务室去,正巧杨鸿烈、马君武都在那里。胡适像发现新大陆似的对他们二位说,他从来没有见到这样优秀的学生,对清朝近三百年的思想史懂得那么透彻,他给了她一百分。杨鸿烈、马君武听罢,也都说自己所任课程也有一个学生总是考一百分。于是三位教授当即约定,各自写下这位学生的名字,看看到底是

谁。三张纸条写好，亮出来一对，他们不约而同写的是同一个名字："吴健雄"。

胡适以分数预测学生前程

1931年初，胡适到北平任中华文化教育基金会编译委员会主任委员，同时兼职在北京大学授课，其中一门是哲学系的中古思想史。期末考试，共有75位学生交了卷，胡适批完试卷、评出分数，决定试试自己的预测力：根据学生考试的答题情况和分数，预测学生的学术前途。通过对这75份试卷的分析，胡适的总预测是，"凡90分以上者皆有希望可以成才，85分者尚有几分希望。80分为中人之资。70分以下皆绝无希望"。后来有好事者要验证一下胡适预测的准确性，还真进行了一番查验，结果发现，得分最高者姓王，95分，但后来似乎一直默默无闻；而牟宗三的得分是80分，按胡适预测乃"中人之资"，胡适在批卷当日的日记中还记下了对牟宗三的印象："颇能想过一番，但甚迂。"可是在这班学生中，牟宗三无疑是在学术上走得最远的一个。

吴有训特许钱伟长试读一年物理系

钱伟长少时酷爱文史，1931年报考清华大学，入学考试文史成绩十分优异，尤其是历史试卷中一道关于二十四史的题，只有他一人答出，得满分，但他的英文和理科考试成绩比较差，因此最终被清华大学文学院录取。入学时，钱伟长没到文学院去注册报到，而是找到物理系主任吴有训，要求读物理系。吴有训了解到钱伟长的入学考试成绩，感到很不解，问他为什么不愿读文学院。钱伟长告曰：他在上海考试期间，目睹外国人在外滩横行霸道，无非就是靠着枪炮比我们好，因此想改学物理，科学救国。吴有训闻此豪言，大受触动，于是与钱伟长约定：先在物理系试读一年，如果期末考试数学、物理分数达不到70分，仍旧回文学院。钱伟长遂到物理系试读，刻苦学习数理，一年后大考，成绩均超70分，遂正式成为物理系的学生。

顾颉刚激赏质疑自己的谭其骧

1931年秋,顾颉刚在燕京大学新开《尚书》研究课,他在课上讲《尚书·尧典》的成书时代,判断这部书成于汉武帝时期,理由是《尧典》有虞舜"肇十有二州"之说,而汉武帝始置"十三刺史部"(且其中十二部均以州命名)。当时就学于燕京大学研究院的谭其骧听了之后,觉得老师的这一理由不够充分,于是在课后仔细阅读顾颉刚的讲义,并研读《汉书·地理志》。谭其骧发现,顾颉刚师所说的"十三刺史部"并非西汉时期的制度,而是在东汉时期。谭其骧向顾颉刚谈了自己的看法,并多次以通信的方式与顾师讨论这一问题。顾颉刚在课程快结束时,将自己与谭其骧讨论的信件加上附说,作为讲义的一部分,印发给全班。顾颉刚在班上表扬谭其骧说:"对于汉代的分州制度,两千年来的学者再也没有像我们这样的清楚了。"顾颉刚欣赏谭其骧的才华,于是邀谭一起创办"禹贡"学会和《禹贡》期刊。

沈从文辅导李云鹤写作

沈从文1931年到青岛大学中文系任教，讲授中国小说史、散文写作等课程。学校的图书管理员李云鹤出于对文学的爱好，常来旁听沈从文的课，并开始写诗歌、剧本和小说之类的习作。当时，沈从文的九妹沈岳萌住在哥哥家，而且与李云鹤熟稔。某日，李云鹤将自己的几篇习作通过沈岳萌交给沈从文请教，沈从文阅过，觉得这个李云鹤有一定的写作才华，第二天就在课堂上表扬说，"她的小说全班第一"。这令李云鹤很自得，也进一步激发了她的创作欲。后来，沈从文让九妹把李云鹤叫到家中，当面给予指导，沈从文对李说："你是有写作才华的，我比较欣赏，你每个星期要写一篇，写了就交给我，我给你改。不写手就生了。"沈从文说到做到，在那一年之内，他每周悉心批改李云鹤的作品，直到自己离开青岛大学。在沈从文的指导下，李云鹤先后发表了《催命符》《拜金丈夫》《为自由而战》等作品。这个图书管理员李云鹤，后来到了延安，改名江青。

陈寅恪出对子招考中文系学生

1932年清华大学中文系招生，由国学研究院导师陈寅恪命题。陈寅恪出了两道题：对一个对子，一篇作文。对对子，陈寅恪出的上联是"孙行者"三字。考生们大都出自新式学堂，在这方面缺少训练，因此对出的下联五花八门，如"唐三藏""沙和尚""牛魔王"，甚至还有的写"王八蛋"。陈寅恪定的参考答案是"王引之"或"祖冲之"。考生周祖谟对的是"胡适之"，陈寅恪判为正确，给了满分。事后，很多人对此颇有微词，认为对对子的考试形同科举，是开倒车。陈寅恪解释说：对对子最能显示中国文字的特性，通过对对子，分别虚实字、平仄声，最能看出知识之多寡，思想之条理。陈寅恪出的作文题是《梦游清华园记》，他后来解释此题说："曾游清华园者，可以写实；未游清华园者，可以想象。……若应试者不被录取，则成游园惊梦也。"

吴承仕面试广招进步学生

1935年"一二·九"运动过后,北平许多大学迫于当局的压力,开除了一批参与运动的进步学生。当时任中国大学国学系主任的吴承仕,已接受马克思主义,支持进步学生运动,同情进步学生。1936年暑假,中国大学在新学年招生时,吴承仕有意帮助那些被开除的学生重返大学校园,为此,他亲自出国文试题,其中的作文题是《无敌国外患国恒亡》,并且亲自主持口试和评卷。口试时,他特别注意问考生一个问题:读过什么书,参加过什么社会活动?凡是被认定为是被开除的进步学生,只要基本条件合格,尽量都予以录取。曾被清华大学开除的进步学生领袖黄诚,被吴承仕以"特别录取生"招进中国大学;后来同样成为中共骨干的王重民、孙楷第、王西彦等人,也都是以这种方式被招进中国大学的。

陈达给冒犯自己的学生最高分

陈达在清华大学教社会学课程，1936年期末最后一节课，他郑重地询问同学，对他这一学期的课有何意见。由于陈达名气大，学生虽有意见也不敢说，正在大家面面相觑的时候，一位名叫刘绪贻的同学忍不住说道："陈先生这种讲课法，我算过，我们每星期上课三次，共6小时；从宿舍到教室往返一次一小时，三次共3小时；上课加往返，一星期总共花9小时。一学期如按18星期计算，共为162小时。如果陈先生将讲课内容印成讲义发给我们，我们只要几小时或一天便可仔细阅读完毕，剩下的时间可以读别的书，不是更好吗？"陈达听罢这带有几分冷嘲热讽的话，面有愠色地说："照你这样的说法，那么办大学也没有什么必要了？"课后，刘同学懊悔言辞过激，心中一直忐忑。等到课程论文、期末考试的分数出来，刘同学见陈达实事求是地都给自己打了最高分，心中方才释然，同时也对陈达的为人敬重有加。

汪辟疆特准盛静霞以诗作代论文

汪辟疆任教于中央大学中文系,讲授诗词、国学概论、目录学等课程。1936年重阳节,他把诗词课的地点改在遥远的栖霞山,那天一早,他雇了两辆马车,把全班学生拉到栖霞山,登一高阁,命学生每人即景做律诗一首。学生们时而倚栏远眺,时而低首沉吟,按时交卷。一位名叫盛静霞的同学,记起唐朝霍小玉逸事,又因此山名栖霞,且自己名字中也有一"霞"字,因此末尾两句写成,"最怜小字偏相似,疑是三生栖上来"。隔了几日,作业发还,盛静霞一看,自己写的八句,只留下了三句,另外五句几乎是汪师重写,觉得自己的诗做坏了,赶忙回到宿舍哭了起来。过会儿,盛静霞从同学那里得知,汪老师在班上评点作业时,大大表扬了她的诗才,说她末尾两句"虽然轻飘了些",但"盛静霞是一只未成形的小老虎,将来会大有作为"。到了毕业季,盛静霞怕写学位论文,斗胆问汪师:能否以自己创作的40首《新乐府》代替论文?汪辟疆爽快道:"别人不可以,你可以。"

林可胜口试吴阶平

吴阶平1936年考入协和医学院,学习成绩十分优异,但老师们对他的要求并没有因此而放松,反而更严格。一年级的生理学课由林可胜教授主讲,课程考试结束后,林可胜决定对四名成绩最差和四名成绩最好的同学另加口试予以确证,每人口试15分钟,吴阶平排在最后一位口试。对于这个成绩优秀的学生,林可胜提出的问题很多,而且都很难、很活。但这些问题基本上都没难住吴阶平,林可胜的兴致也越来越高,快一小时过去了,还没有问完的意思。学院秘书忽然进来,通知林可胜速到礼堂参加一个追悼会,吴阶平心里暗暗庆幸:终于可以结束了。不料,林可胜走出教室时却叮嘱吴阶平:"你等着,我很快就回来。"半个多小时后,林可胜冒雨匆匆赶回教室,又接二连三对吴阶平提问了半个多小时,这才罢休。

余嘉锡训斥"不知好歹"的来新夏

来新夏1942年入学辅仁大学历史系，一年级时出于兴趣，选修了余嘉锡教授的目录学一课。课堂上，余嘉锡总是神情凝重，不持片纸，口若悬河；来新夏则专心听讲，笔记不辍，自感颇有心得。期末考试的成绩公布出来，来新夏见自己是B，心有不甘，于是便去找余嘉锡的助教朱泽吉问个究竟，不料到了系办公室，正巧余嘉锡巍然坐在办公桌前。来新夏进退两难之际，余嘉锡问他有何事，来新夏只得硬着头皮说明原委，余嘉锡听了大为光火，正言厉色地对来新夏说："我读了半辈子的书，只不过半个B，你才读了几天书，就以为很了不起了，连一个B都容不下了？"来新夏大气不敢出，灰溜溜地跑了。事后，来新夏从朱泽吉那里得知，B是余先生给出的最高分，来新夏这才发现原来是自己"不知好歹"。

刘文典指望陶光成为"老师吹牛的本钱"

刘文典在西南联大任教时,有一个得意门生叫陶光,当时陶光任联大助教,教大一作文。陶光对刘文典很恭敬,每隔几天就会去探望刘文典并向他请益。有一段时间,陶光因备新课,久未去刘家,他深知刘文典的脾气,再去刘家时,一路上做好了挨剋的心理准备。不料事情比他想象的更严重,他一进刘家门,就遭到刘文典一顿痛骂:"懒虫""没出息""把我的话当耳边风",话都是难听得很的。陶光感到很委屈,也很难堪,正想嘟哝几句,忽又见刘文典用力一拍桌子,口气软了下来甚至有点可怜兮兮地说:"我就靠你成名成家,作吹牛的本钱,你不理解我的苦心,忍心叫我绝望么?"陶光闻刘师此言,又心生感动,没想到老师这样高看自己,于是扶刘文典坐下,又是道歉又是解释,又是沏茶又是捶背,刘文典火气这才终于消了。

吴大猷慧眼识杨、李

吴大猷在西南联大任物理系主任，讲授近代物理、量子力学、电磁学、古典力学等课程。1941年古典力学课程结束时，他拟了十多个题目，供同学们在确定毕业论文选题时参考。几天后，杨振宁来见吴大猷，告知老师自己想以群论来研究多元分子振动问题，请求吴大猷担任自己的论文指导老师。吴大猷随手从书架上取出一册《现代物理评论》递给杨振宁，要他仔细研读其中一篇关于群论与分子光谱关系的论文。就是这样一个简单的情节，几乎奠定了杨振宁一生的科学方向。1945年初春，浙江大学物理系一年级学生李政道从贵阳、重庆辗转到达昆明，找到吴大猷，请求转入西南联大，并请求插入物理系二年级。吴大猷看了李政道带来的介绍信，简单了解了他的学业情况，对李说，当时是学期中段，不能直接转学插班，但允许他随班旁听，参加考试，并约定，"如果考试及格，暑假准许正式转入二年级，并且可以免修以前的课程。"对于李政道来说，课程考试自然是小菜一碟，他在暑假顺利转入了西南联大物理系二年级。

金岳霖特许张源潜免考

1942年秋季学期，西南联大外语系学生张源潜选修了金岳霖的逻辑课，期末考试的考场排在南校区。张源潜一时疏忽，走错到北区教室，等他弄清地点赶到考场时，考试时间已过近半，张源潜向正在监考的金岳霖说明原委，并向金岳霖要了一份试卷。在金岳霖弄清了张源潜的姓名之后，对张说"你不用考了"。张源潜一惊，忙求金岳霖原谅，金岳霖和颜悦色地对他说："你平时测验没有缺席，而且成绩都很优秀，因此免去你的学期考试。"原来，金岳霖平时上课，常常在下课前十分钟，出一道联系实际的难题考学生，并且对学生的答卷进行仔细的批改，一学期下来，对成绩优异的学生，金岳霖大多了然于胸。张源潜的平时测验成绩一直很好，因此金岳霖很有把握地特许他免考。

熊十力填食训徒

熊十力早年加入新军，曾任黄冈都督府参议，后回乡潜心钻研先秦诸子和西方哲学，在北京大学、武昌大学、四川大学等多校任教或讲学。抗战后期，熊十力任教于四川复性书院，讲授因明学和新儒学。1944年春季某一日，一位李姓学生应约到熊家拜见老师，正值早餐之际，熊十力妻为李生端来一碗汤圆，一共十个，李生一口气吃了九个，很饱，再吃半个，后半个实在吃不下去了，显出为难状。熊十力见状竟然大发其火，他在桌子上猛击一掌，厉声喝道："你连这点东西都消化不了，谈何学问，谈何事功？"李生大惊失色，囫囵将那半个汤圆吞下。后来，这位姓李的学生学业大进，曾在南充当教授，谈及熊十力师对自己的教诲，说熊师当年的填食训斥类同于禅宗的"棒喝教徒"。

陈望道破格录取张啸虎

1944年夏复旦大学招生,湖南考生张啸虎报考了新闻系,招生考试科目是数学和作文。作文考两篇,一篇白话文,题目是《秋夜》,一篇文言文,题目《大道之行也:天下为公》。两篇作文在二小时内完成,而且须用毛笔写。张啸虎的考试结果,数学0分,而语文却考了满分100分。在复旦大学的历史上,招生考试作文能够考出满分的绝无仅有,但是复旦大学有规定,主科如果有一门是0分的,就不能录取。新闻系主任陈望道爱其才,对校方说,一个投考新闻系的学生,有这么好的一支笔,应当破格录取。在陈望道的力争下,张啸虎被破格录取到新闻系,这事在校园里传开,张啸虎人还没有到校,已然成为学校的"名人"。在复旦新闻系举行的迎新晚会上,陈望道热情地向师生介绍了张啸虎,向大家推出了这位难得的"一支笔"。

金岳霖给异见论文判高分

1945年初，西南联大哲学系大四学生周礼全选知识论问题做毕业论文，由金岳霖为导师。周礼全所持学术观点与导师相异，在论文中多处批评金岳霖的"朴素实在论"。周礼全将论文交给金岳霖后一个星期左右，金岳霖约他去面谈。当时，金岳霖借住在梁思成家，周礼全下午两点到金岳霖住处，金岳霖对他论文的很多观点提出批评，周礼全竟然很不客气地一一进行辩解。如此反复，两人争论越来越激烈，声调也越来越高，以致梁家的人时不时推门进来张望，怕他们吵翻了。师生二人的这场争论，从下午两点一直争到傍晚六点，谁也没有说服谁。周礼全带着金岳霖批改过的论文离开导师住处，边走边看导师在论文上的批语，满篇都是"无的放矢""这是自相矛盾""你现在不也承认外物了吗"，看得他很沮丧，担心论文被评"不及格"。但在毕业前，论文评分公布，周礼全的论文不仅及格了，而且还获得了高分。

叶企孙破格推荐李政道留美

1945年,教育部选拔理科尖子留学美国攻读博士学位,给西南联大六个指标。物理系的选拔由吴大猷教授负责,为确保推荐质量,吴大猷秉持宁缺毋滥原则,只推荐了物理系助教朱光亚一人。理学院院长兼物理系主任叶企孙看了各系报上来的名单之后,与吴大猷协商是否可以推荐物理系二年级学生李政道,理由是李政道"才能非凡"。吴大猷当初接受李政道由浙大转学联大,对这个学生的才华一清二楚,但顾虑李政道本科尚未毕业,因此他对叶企孙说:"李政道确实有非凡之才,可他刚刚读完大学二年级,学历不符合读博士的资格要求,可能有难度。"叶企孙说:"我们可以不必为学历所限。"建议推出去试试,吴大猷自然乐见其成。刚满19岁的大二学生李政道,就这样被破格选拔了出来,留学美国芝加哥大学物理系攻读博士学位。

张奚若破天荒给张翰书满分

张奚若在西南联大讲授西洋政治思想史、政治哲学等课程，他的教学向以严格著称，批改学生考卷惜分如金，尤其是对那些缺乏独立思考、人云亦云的答卷，会毫不留情地打不及格。在他的课上，分数能够考在 80—100 分之间的学生几乎没有，绝大多数都在 30—50 分之间。久而久之，学生对他的课望而生畏，选课的人也越来越少。1946 年秋季学期，只有八个学生选了他的西洋政治思想史课，尽管这八个学生学习都很勤奋，但考试结果仍有四人不及格，其中一人是 0 分，但也有一个学生得了满分，这个学生就是张翰书。张奚若先是给他打了 99 分，想了想又加了 1 分"以资鼓励"。张翰书后来在专业上发展顺利，也成为著名的政治思想史学家。

马思聪破格录取林耀基

广州少年林耀基 1951 年开始跟小提琴家温瞻美学琴，经过一年多的学习，琴艺进步很快。1952 年初夏，中央音乐学院院长马思聪到广州招生，为节省经费，就住在自己的学生温瞻美家里。一天下午，林耀基跟其他几个琴童一起到温瞻美家里回课，将前次学的《西班牙交响曲》拉了一遍。当时马思聪正在里屋休息，琴童离去后，马思聪踱出房间，和温瞻美聊天，问起这些琴童的情况，特别问了问刚才第一个拉琴的孩子的姓名。过了不久，15 岁的林耀基意外地收到了中央音乐学院附中的录取通知书，大感不解，去问温瞻美，温瞻美向他道出了原委，原来那天马思聪在里屋听了他拉的曲子，觉得他很有天赋，尽管林耀基既没报名又没考试，但中央音乐学院还是决定破格录取他到附中。

师生篇

章太炎"谢本师"与被"谢本师"

章太炎曾师从俞樾七年,习"稽古之学",为俞樾器重。章太炎学问上恃才傲物,政治上激进狂放,戊戌变法失败后,章太炎逃往日据台湾,发表反满言论,为俞樾所不容。1901年章太炎去苏州谒俞师,被俞樾斥为"不孝、不忠,非人类也,小子鸣鼓而攻之可也"。"章疯子"哪里受得了这样对待,当场拂袖而去。1906年章太炎在《民报》作《谢本师》一文,文中写道:"先生既治经,又素博览,戎狄豺狼之说,岂其未喻,而以唇舌捍卫之。将以尝仕索虏,食其廪禄耶?昔戴君与全绍衣并污伪命,先生亦授职为伪编修,非有土子民之吏,不为谋主,与全、戴同。何恩于虏,而恳恳蔽遮其恶?如先生之能棣通故训,不改全、戴所操,以诲承学,虽杨雄、孔颖达何以加焉!"正所谓有其师必有其生,1906年周作人到章太炎开办的国学讲习会研习,与章太炎有师生关系。20世纪20年代中期,章太炎经常就时局发表声明,反对"赤化",发起成立"反赤救国大联合"。章太炎的政见与周作人迥异,周作人仿章太炎先例,在《语丝》杂志也发表《"谢本师"》批章太炎,文曰:"似乎已将四十余年来所主张的光复大义抛诸脑后了。我相信我的师不当这样,这样的也就不是我的师,先生昔日曾作《谢本师》一文,对于俞曲园先生表示脱离,不意我现今亦不得不谢先生。"

南洋公学的"墨水瓶事件"

1902年11月5日,南洋公学特科五班上课时,任课教师郭镇瀛发现自己座位上有一只空墨水瓶,认为是学生捉弄自己(意喻"腹中没有墨水"),告到校方,要求严办。校方听信某学生诬告,未经证实,认定此事系伍正均所为,公告开除伍正均。特科五班学生深感不平,到校长室申诉,未果,于是集体退学以示抗议。公学总理汪凤藻一怒之下,开除了五班全体学生。其他各班学生群情激愤,当即推出代表请愿,要求校方收回成命,依然未果,矛盾进一步升级,全体学生宣告退学以示抗议。校方见事情闹大，请特科主任蔡元培出来调解。在蔡元培苦劝之下，学生同意"暂缓"行动，但提出了若干条件，当晚，蔡元培带着学生的诉求去见公学督办盛宣怀，不料盛宣怀却托辞不见，致事件又僵持数日。16日上午，特科学生集体宣告退学，他们背着行装，以班级为序，高呼"祖国万岁"，昂然走出学校。蔡元培也愤然辞职，跟学生一起离校。蔡元培将学生带到中国教育会，在章太炎等人协助下成立"爱国学社"，使退学学生得以继续学业。

马相伯收留被通缉的于右任

1904年，关中举人于右任的《半哭半笑楼诗钞》面世，这部诗钞通篇洋溢着反清思想，触怒了清廷，于右任被通缉。其时，于右任正在去开封参加会试的途中，得知被通缉，只得半途而废，隐姓埋名逃往上海。他在上海举目无亲，囊中羞涩，住在法租界的一家小客栈里。震旦学院院长马相伯在《申报》上读到清廷对于右任的通缉令之后，对这个青年人的下落很担忧，到处打听，终于得知于右任已经逃到上海，马相伯立即托人约于来见。马相伯一见到于右任，开门见山地说："你是否愿意到震旦来读书？学院可以免除你的学费和膳费。"于右任听罢，一时竟激动得说不出话来。马相伯不等他回答，就决定说："余以国民一分子之义务，为子作东道主矣！"就这样，于右任化名"刘学裕"登记注册，成了震旦的学生。

顾颉刚、吴奎霄交头接耳考进北京大学

1913年初，苏州顾颉刚与中学同学吴奎霄一起报考北大，入学考试在上海举行。考试那天，顾、吴二人一起进考场，考场很小，座位挨得很紧，考生交头接耳很方便。发榜出来，顾颉刚考第九名，吴奎霄考第十名，双双被录取。顾颉刚后来回忆说："我们两人座位太挨近了，各门的答案都是经过协议的。"到了临开学的日子，顾、吴二人经上海、天津到北京。报到那天，他俩雇了一辆骡车，载着行李，花了两个小时才从住处到北大，直奔总务处报到。可到了那里，总务处的人对他们说，新近毕业的学

生还没有搬走，新招的学生也没有到齐，开课还要过段日子，请他们找个客栈再住几天等开学通知。顾、吴二人只好重新装上行李，在附近的客栈住下。这一住就是一个多月，一个多月后他们终于接到北大开课的通知，这才搬进北大。

舒新城冒名顶替考入湖南高师

舒新城早年就读于湖南溆浦县立高小，辛亥年因参与学潮被校方开除，然后就在两湖各地游教、游学，生计很艰难。1914年8月，报载湖南高等师范学校招生消息，正在武昌的舒新城赶到长沙，借同族舒建勋的中学毕业文凭冒名报考，成绩殊优，被录取到湖南高师英语部。舒新城入校注册后的次日，冒名顶替一事被人告发，校长、学监当即召他去对证。舒新城见事已至此，痛痛快快地承认了，但他辩解说："所借舒建勋中学毕业文凭是实，但自己考试亦完全是真，全部独立完成，不曾假手于人，有准考证上照片和当场监考为凭。如果学校以考试择优录取为重，我之入学理应有效。如果学校的取录以文凭为重,我只有退学这一条路。"校长、学监见舒新城讲得头头是道,有胆有识,临时商定允许舒新城暂在校就读,等待行文溆浦劝学所证明函再定。后来,这件事也就不了了之,舒新城一直在湖南高师读到1918年顺利毕业。

南洋学生驱赶保皇派辜鸿铭

武昌起义爆发后,南洋公学师生群起策应,而时任教务主任的辜鸿铭是保皇党,力图阻止师生异动。辜鸿铭召集师生大会,言"革命党是毒血,必须开刀,把脓血挤出去消毒"。革命师生不顾辜鸿铭的阻挠,配合陈其美的上海商团、救火会等革命团体,参与攻打江南制造局。攻克制造局之后,革命师生凯旋回校,第一件事,就是在学校升起白旗,表示向革命投降。辜鸿铭当时住在虹桥路,每日乘自备马车来校办公,那天刚进校门,就被学生拦住,学生质问辜鸿铭:"你诬革命党为毒血,要开刀挤出消毒,现在全校已升白旗投降革命军,你挤出毒血,还是革命挤出你?"辜鸿铭看到这个架势,慌忙上车，调头回府，学生将早已预备好的鞭炮挂到他的马车上，鞭炮声吓得马飞奔，辜鸿铭张皇逃出学校。

张申府发起"不考试运动"

张申府1914年考入北京大学哲学系，一个多月后转入数学系，可转入数学系后，他依然钟情于哲学，课后阅读了大量哲学名著，与哲学系教授过从甚密，还撰写了哲学论文，显露出过人的哲学才华。大概是受这一学习经历的启发，张申府认定，"只有自由的学习才能学到真才实学"，于是在二年级期末发起了一个不考试运动，在同学中鼓吹读书自学、不考试、不要文凭。然而，他的倡议应者寥寥，张申府见效果不佳，决定以身示范，他在二年级期末，自行弃考多门课程；第三学年，仍然弃考多门课程。三年肄业期满，张申府当然没能拿到毕业文凭。校长蔡元培和其他教授综合考察之后，觉得张申府虽有多门科目没考试，但念其人才难得，仍然决定让张申府留校任助教。

梁实秋的手工作业令老师哭笑不得

梁实秋 1915 年考入清华学校，在师生中负有文名，但心灵而手不巧。当时清华学校开有手工课，笨手笨脚的梁实秋在课上手忙脚乱，做什么不像什么，手工教员周永德对他也不免有了几分成见。有一个作业，梁实秋忙了大半天仍然做不好，情急之下拿同学徐宗涑的作品交了上去，周永德看了梁实秋的这个作品，略有所思，给了 70 分。过几天徐宗涑将自己做的同一作品交上去，结果却得了 90 分。梁实秋深感不平，径自去找周永德"讨回公道"，梁实秋承认自己的作品系同学代为，但他说，同样的作品分数悬殊，也很不"公道"。周永德听罢，又好气又好笑，训斥他竟胆敢用同学作业来冒充，并威胁要报告学校处分他。梁实秋的牛脾气也上来了，争辩说："我情愿受罚，可老师判分不公，怎么办呢?"周永德见梁实秋这付书呆子样，又忍俊不禁了。

陈独秀化解萧劳之困

1917年初陈独秀任北京大学文科学长，入职不久，听说中国文学门一个叫萧劳的学生不肯去上英文课，于是找萧谈话。陈独秀了解到，萧劳入学后被分在英文乙班，教授是英国人，课上全讲英语，一句中文也不讲，萧劳的英文读写尚可，听力不行，几乎一句也听不懂。陈独秀体谅萧劳的苦衷，将萧劳从乙班换到中国老师授课的丙班。还有一次是在黄侃的课上，萧劳的状态不太好，双手捧着头闭目听课，黄侃见状，对着他大吼一声："我讲书！你困觉！"萧劳一惊，端正了坐姿，并解释说并未睡觉而是闭目在听，黄侃不依不饶："不愿听就出去！"萧劳一赌气，当真跑出教室，一连两个星期都不去上黄侃的课。陈独秀又找萧劳面谈，了解到原委之后，对萧劳说："黄先生讲的是主课，你不听课，怎么读书？"说罢，拉起萧劳把他送进黄侃的课堂，陈独秀眼见萧劳坐到自己的座位上，黄侃扫了一眼并未多话，才放心离去。

傅斯年对胡适网开一面

1917年秋,27岁的胡适自美回国任北京大学教授,在哲学系讲授中国哲学史。他对这门课做了大幅度改动,一反前例将远古传说和神话内容一刀切掉,只从有资料佐证的《诗经》起讲。北大文科学生旧学功底都比较深厚,且大多心高气傲,对教授总是百般挑剔,胡适这一改动,在学生眼里简直就是一场"思想造反",有几个不安分的学生开始酝酿学潮,要把这个年轻的教授赶走。这些学生怂恿学生中的刺儿头傅斯年,让傅先去听几节胡适的课,然后再决定如何发起攻击。傅斯年是中文系的学生,当真去听了胡适的几堂哲学课,过后傅斯年对那些想闹事的同学说:"这个人虽然书读得不多,但他走的这一条路是对的。你们不能闹。"于是,一场酝酿中的学潮胎死腹中,胡适也在就此北大课堂上初步站住了脚跟。胡适后来回忆说:初进北大时,"常常提心吊胆,加倍用功",因为他发现许多学生比自己强。1952年在傅斯年逝世周年纪念会上,胡适特别提起，当年是傅斯年暗中阻止学潮、保护了自己。

学生逼朱宗莱弃教《文心雕龙》

傅斯年是北京大学中文系学生，恃才傲物，年少气盛，在学生中很有威望。章太炎的门生朱宗莱1915年到北大任教，主讲《文心雕龙》，但《文心雕龙》并非朱宗莱所长，他上课难免时常出错。班上的学生十分不满，声称朱宗莱没资格教他们，于是开始搜集证据，欲驱赶朱宗莱。但仅凭学生自己的课堂笔记，似乎还不足为凭，后来一位同学不知从哪里弄来了朱宗莱的讲义全稿，交给傅斯年。傅斯年花了整整一个通宵，从讲义中挑出了三十几条错误，抄出来发动全班学生签名，然后上书校长蔡元培。蔡元培接到举报信后，担心有教授在背后指使操纵，决定召见签名学生对他们进行口试。学生赶在蔡校长召见之前，将傅斯年挑出的讲义错处，各分几条一一记牢，待到蔡校长召见口试他们时，果然个个答得头头是道。蔡元培见状，什么话也没说。不久，朱宗莱就不再教《文心雕龙》这门课了。

方东美当堂对老师指谬

方东美幼承庭训,熟稔经史,尤通《诗经》。1917年方东美考入南京金陵大学预科,一年后升入文科哲学门,兴之所至选修了《诗经》一课。开课不久,教授在台上讲,课堂里常听到学生中有人低声说"错了";教授不悦,又不便发作,只当不闻,继续讲课;少顷,台下又传来"错了",教授按捺不住,厉声问道:"谁说我错了?那就请他上来讲。"方东美站起来回曰:"我们是学生,是来听课的。"教授不依不饶,坚持要他上讲台来讲。方东美见事已至此,索性一不做二不休,走上讲台,先向教授鞠一躬,然后便将这一段《诗经》,按照自己的理解重新讲了一遍。下课铃声响起,方东美结束了讲解,再向教授鞠躬。教授一言不发,走出教室,随后教室里响起一片掌声。

傅斯年批马叙伦的《庄子札记》

1919年1月初,傅斯年在他主编的《新潮》创刊号上发文,批评马叙伦的《庄子札记》,当时,傅斯年是北大中文系学生,而马叙伦却是北大中文系的名教授,是傅斯年的老师。更惹人注目的是,傅斯年此文不是一般商榷,而是用词很严厉的批判。首先,傅斯年写到,《庄子札记》"抄录古人之说极多",而作者"自己的见解很少",原因在于功力不够,"不能多多发明,势必取材他家";第二,傅斯年指出,马叙伦即便在效仿魏晋名士方面有所发挥,有一定的理论阐释,即"玄论",但也不过是"滥用"佛典,有"哗众取宠"之虞;第三,《庄子札记》中有关佛道比较的论述,傅斯年指出,佛教与道教虽有异有同,但佛教本身就有多种流派且互有相悖之处,若随意取之与道教比较,只会"遭人耻笑";更致命的是第四点,傅斯年直言《庄子札记》有抄袭胡适之嫌:"先生书中,有自居创见之处,实则攘自他人,而不言所自来者。例如卷十八,五至八页，……一节，所有胜意，皆取自胡适之先生《中国哲学史大纲》第九篇第一章七八两页。"马叙伦读到傅斯年此文后是何心情，已难以考证，但从马叙伦在1月18日至22日《北京大学日刊》上连续发表的辩护长文中，似可略知其大概。

辜鸿铭与罗家伦当堂互怼

五四运动期间，北京大学教授辜鸿铭在日本人办的《华北正报》上发表文章，反对学生运动，并大骂学生骨干分子是"野蛮的暴徒"。五四运动学生领袖之一、北大文科学生罗家伦尽管平时颇敬重辜鸿铭，但看到辜鸿铭的这篇文章之后，实在按捺不住，遂将这张报纸带到辜鸿铭的课上，当堂质问辜鸿铭："辜先生，你从前著的《春秋大义》，我们读了都很佩服。你既然讲春秋大义，你就应该知道，春秋是主张'内中国而外夷狄'的，你现在却在夷狄的报纸上发表文章骂我们中国学生，是何道理？"这一下子把辜鸿铭的脸给气歪了，眼睛也暴突了出来，一两分钟说不出话来，稍后，只见辜鸿铭站起来用手猛地一拍讲台，对罗家伦厉声怒斥道："我当年连袁世凯都不怕，我还怕你？"

马非百入读北京大学的"三把火"

马非百1919年夏考入北京大学文科，入学不久就在北大烧了"三把火"。一是当时校章规定，新生入学须找一个京官签字具保，马非百来自湖南乡下，在京举目无亲，找不到熟悉的京官，于是写信给校长蔡元培，称这一规定与民主精神不合，如校方非实行不可，自己宁愿退学。蔡元培给马回了一信，信中曰："查法国各大学，并无此制。然本校系教授治校，事关制度，必须经教授会讨论通过才可决定。如先生不以我为不合格，就请到校长办公室，找徐宝璜秘书长代我签名盖章。"蔡元培只好自己做了马非百的担保人。二是马非百对沈士远上的《庄子·天下篇》一课很不满意，觉得这篇古文自己看半小时也就够了，而沈先生却拖拖拉拉讲一年。马非百当堂给沈士远写了一短笺："每年花费好几百元来京求学，而先生却将这样一篇空洞的古文相敷衍。就令此文每字每句都是宝贝，合起来也值不得我们花费如许学费。"信末写道，"从今日起，正式宣布退课"。三是有一次考论理学，内容是关于先秦诸子的，马非百没有按照题目要求作答，而是写道："这样的题目有什么考试意义？现在大家都在谈先秦诸子的论理学，但却没有谈老子的，我现在特把老子论理学写出一个轮廓，供你参考。如可用就请采纳，否则另写一篇补充。"结果老师没要他另写一篇补充，还给了他一个不低的分数。

辜鸿铭见到教室里有女生大惊失色

1920年，北京大学开风气之先招收女生，实行男女同校。开学后的第一堂英文课上，授课教师辜鸿铭走进教室，突然发现教室里有几位女生，大吃一惊，两只大眼凸得似乎要掉出来。当听说她们是新招来的女生时，辜鸿铭想刁难一下她们，当即要女生朗读课文，而不等女生读完，辜鸿铭又阴阳怪气地打断她们，问在哪里学的英文，冷嘲热讽读音是如何的不准、如何的难听。这一番折腾之后，他还不肯罢休，竟然不许女生再来听他的课，恨不得当场要把女生赶出教室。下课之后，辜鸿铭立马去见蔡元培，报告说"教室里忽然发现女生"，还要挟说，"男女授受不亲，要不学校不招女生，要不我辞职"。蔡元培看着辜鸿铭这拼命的架势，不解地想：辜鸿铭长期生活在西方，对男女同校如此反感，不至于啊。蔡元培安慰了辜鸿铭几句，但男女同校仍照计划执行，辜鸿铭也没有辞职。

林语堂给刘和珍准假

1926年3月18日早晨，北京女子师范大学英文系教授兼教务主任林语堂接到女师大学生刘和珍的电话，刘和珍在电话里说，"以学生自治会的名义，请准停课一天"。林语堂问清原因，是学生自治会当天组织了请愿活动，遂慨然准假，并对刘和珍说："以后请假要提前接洽，以便我及时通知其他教员。"几个小时以后，刘和珍等四十多名学生在执政府门前遇害，这就是震惊中外的"三一八"惨案。林语堂闻讯赶到现场，见刘和珍的尸体已经放在棺材里，惨不忍睹。3月21日，林语堂在《语丝》发表文章，公开悼念刘和珍等学生，他在文中愤慨地写道："依中国今日此刻此地情形，非有些土匪傻子来说话不可。"并称自己"很愿意揭竿作乱，以土匪自居"。后来，林语堂还将这惨痛的一幕写进小说《京华烟云》："……院里拐角儿处有两口棺材，靠近一个高台子。政府当局居然那么周到，竟然事前准备好了棺材，不过他们只愿供给两口棺材而已！"

王力破格报考清华研究院

1926年，王力报考清华国学研究院，研究院的招生简章规定，报考者须满足三个条件，一是大学毕业生，二是当过中学教师五年以上，三是从名师研究有心得者。当时王力只读了两年大学，尚未毕业；只当过小学老师，从未当过中学教师。因此，前两条都对不上。王力心想，自己在国民大学读书时，章太炎是校长，或许第三条可以通融。他以这一条理由去报名，果然见效，院方破格同意他报考。这一年，研究院的考题是"四个一百"，即："一百个古人名",要求写出每个人所在朝代和主要著述;"一百个古地名",要求写出每个古地名的今天所在;"一百部书名",要求写出每部书的作者名;"一百句诗词",要求写出各句出自哪首诗词。那一年,研究院共录取了32位研究生,王力的考试成绩名列第26位。

顾颉刚绝交爱徒何定生

顾颉刚有一位得意门生叫何定生,顾颉刚将何定生从中山大学一直带到燕京大学,学问上提携,经济上资助,亲同子嗣。1929年顾颉刚回苏州老家为父做寿,在此期间,何定生不知是出于敬佩恩师的学问,还是为了报答师恩,在顾颉刚主持的朴社出版了一部题为《关于胡适之与顾颉刚》的书,褒顾贬胡。此书一出版,学界舆论哗然,对胡适和顾颉刚的师生关系也产生了一定影响。胡适于顾颉刚,同样有提携、资助之恩,其师生之谊不在顾、何之下。顾颉刚接二连三给胡适去信解释,但迟迟得不到胡适的回复。顾颉刚接受不了学生给自己闯下的

"大祸"，一怒之下，给何定生写了一封绝交信："我爱你有志气，能用功，所以带你北来，现在呢？……说到这上我的心碎了！你已经亲手把我一颗爱你的心打碎了。"从此顾、何二人师徒绝交。

萧涤非记录整理黄节的讲课笔记

北京大学教授黄节1929年到清华大学中文系兼课，讲授诗词，主要内容是曹植、阮籍、谢灵运这三家。当时萧涤非是清华中文系四年级的学生，据萧涤非后来讲，那时的大学教授讲课，一般有三种情形：一种是既不给学生发讲义，自己也不用讲稿，梁启超即属此类；另一种是不发讲义，但自己备有讲稿，如陈寅恪；第三种不但发讲义，而且讲义就是讲稿，讲课内容详尽、一览无余，黄节则属此类。萧涤非认为，第三种教授讲课的难度其实是最大的，因为学生人手一本讲稿式的讲义，教授就不能照本宣科了，还需要讲许多没有写到讲义里的内容。黄节在课堂上讲诗，就常常超出讲义之外，其中有不少都是即兴发挥的。萧涤非感到这些讲义之外的东西更有价值,于是就在黄节的课上,努力将黄师的讲课内容,尤其是在讲义之外即兴发挥的内容记录下来,课后进行整理。一年后,已升入清华研究院的萧涤非在《学衡》等刊物上相继发表了以这个笔记为基础的《读诗三札记》。这些文章在 20 世纪 50 年代由作家出版社结集出版,萧涤非在"前言"中写道:这本书"名为札记,实为笔记,因为基本上都是黄节先生所讲的"。

黄侃对弟子的古怪要求

黄侃在北京大学中文系任教期间,有一位得意门生叫郑奠,黄侃很器重他,课前课后都让他给自己拎包。郑奠 1920 年毕业,留校任教,对黄侃也很尊敬。1927 年郑奠到浙江省教育厅任职,不久又去南京任教育部编审。此间某日,一位北大校友在家里设宴请客,黄侃和郑奠都在被请之列。到了那位同事家里,黄侃见郑奠穿一件很昂贵的皮袍,心里很不痛快,当着众人的面埋怨郑奠:"我还没穿皮袍,怎么你就穿皮袍了?"郑奠一愣,也没好气地对黄侃说："我穿我的皮袍,你怎么还管这?"黄侃听了更加生气,弄得一桌人都很尴尬。另外,1932年黄侃收杨伯峻为弟子,杨伯峻入门时,黄侃一定要杨伯峻给他磕头,杨伯峻起初很犹豫,迟迟跪不下去,在黄侃的严厉要求下,才很不情愿地磕了头。黄侃这才慢腾腾地对他说:"从这时起,你就是我的门生了。"然后又解释要弟子磕头的原因,是因为他的学问都是早年磕了头学来的,"所以我收弟子,一定要他们一一行拜师礼节"。

"教我如何再想他"

1930年5月,刘半农以北京大学教授身份兼任北平大学女子师范学院院长。上任那天,刘半农穿了一件中式棉袍去女师院,令慕其大名的学生大失所望,她们满以为这位法国博士、《教我如何不想她》的词作者,一定是一位风度翩翩的人物,没想到却是一身土气。女生们议论道:"早就听说刘先生是一个很风趣的文人,怎么就是一个土老头?"女师院体育教师杨步伟听到女生的议论后,告诉她们:

"你们天天都在唱《教我如何不想她》,他就是那个'他'呀!"可女生们还是直嚷嚷,说"这个人不像"。数日后,杨步伟将此事当作笑话说给刘半农听了,刘半农为此特作一首自嘲的打油诗:"教我如何不想她,请来共饮一杯茶。原来如此一老叟,教我如何再想他?"

胡适对吴晗的赏识与惋惜

1930年春,中国公学学生吴晗在整理《佛国记》时遇到困难,写信请教校长胡适,"我明知先生很忙,不过除了先生之外,我实在想不出一个比先生更能用科学方法来解决和指导路径的人"。胡适赏识吴晗的才华,悉心给予指导。后来胡适担任清华研究院导师,吴晗追随胡适,也转学清华大学,经常到胡家请益。胡适了解到吴晗经济上的困难,主动给清华校长翁文灏、教务长张子高写信,推荐吴晗勤工俭学。吴晗以"光耀所及,四面八方都是坦途"表述自己当时的心情,可见胡适对他的教泽和影响之深。抗战全面爆发后,吴晗任教于西南联大,成为著名的民主教授，开始走上与胡适不同的道路。1946年学校复原北平，吴晗再度拜访胡适，两人话不投机，不欢而散。吴晗后来说："联大从昆明搬回北平后，我做胡适工作，可是他顽固不化，我的脚就不再进他家的客厅了。"而胡适得知吴晗的去向后，也叹曰："吴晗可惜，走错路了。"

邓广铭听讲记录成就周作人著作

邓广铭1931年从山东到北京投考北京大学，未被录取，转而考入辅仁大学英文系读了一年，第二年夏天再考，如愿考入北大历史系。就在邓广铭入学北大的同时，周作人的《中国新文学的源流》一书于1932年9月出版，此书版权页上写的是，"讲校者周作人，记录者邓恭三"（邓广铭字恭三）。原来在1932年三、四月间，周作人到辅仁大学做中国文学系列演讲，邓广铭是其忠实的听众。据周作人自己在该书的引言中说，由于他当时并未定好演讲的题目，"既未编讲义，也没有写出提纲来，只信口开河地说下去就完了"。等他演讲全部结束之后，突然有个学生拿着演讲记录稿请周作人校阅。周作人阅后,大感意外,记录稿不仅绝少错误,而且还把演讲中不少混乱的部分整理得"略有次序","这尤其使我佩服"。这个记录的学生就是邓广铭。周作人以邓广铭的记录稿为基础,在当年出版了这部书,随后将稿费都给了邓广铭,而邓广铭则用这笔钱买了百衲本《二十四史》。

闻一多"挥泪斩马谡"得罪学生

"九一八"事变后,青岛大学学生罢课,南下请愿,声势浩大,社会影响也很大。校方迫于当局的压力,召开校务会议讨论对学生请愿事件的处理。会上,文学院长兼中文系主任闻一多表示拥护开除为首的请愿学生,尽管他一再说这是"挥泪斩马谡"不得已而为之。闻一多一直被进步学生引为同道,他这一反常态的表态,为学生所忌恨,进而成为一些学生攻击的对象。某天,闻一多经过某间冷冷清清的教室,无意中看到黑板上有一首学生写的打油诗:"闻一多,闻一多,你一个月拿四百多,一堂课五十分钟，禁得住你呵几呵?"这是在讽刺闻一多平时上课的一个习惯，讲课时经常夹杂"呵呵……"声音。这首诗明显是在发泄对闻一多的不满。闻一多看了，只好摇头苦笑。不久，闻一多颇不愉快地离开了青岛大学。

金岳霖资助殷海光就读北平

1935年，16岁的中学生殷海光偶然读到金岳霖的《逻辑》一书，萌生了要和这位清华大学教授"讨论"逻辑问题的想法，径自给金岳霖去信，谈了自己对某些问题的看法并向金先生请教。金岳霖很快给殷海光回信予以鼓励，还推荐了一些专业书目。次年，殷海光从武昌高中毕业，想到北平去读大学，但家人并不支持他的这个想法，也无力承担他在北平的生活费用，困顿中的殷海光再次给金岳霖去信"求助"。金岳霖为了这位素未见面的青年，专门去找张东荪，请张为殷海光谋一个半工半读的工作机会，张东荪当时一口就承诺下来。于是，金岳霖给殷海光去信，告知经费问题可解决，邀殷北上。殷海光到了北平之后，不料张东荪的承诺却落了空，大家都很尴尬，金岳霖为此还跟张东荪翻了脸。最后，金岳霖决定自己资助这位好学青年的生活费用，但金岳霖对殷海光提了一个条件：每周见面一次，"一边吃饭，一边讨论逻辑问题"。

苏步青以"辞职"保学生

1936年3月初，浙江大学数学系四年级学生卢庆骏与体育老师发生争执，被告到校长郭任远那里。郭任远偏听偏信，以思想"左倾"为由下令将卢同学开除。数学系主任苏步青闻讯后立即赶到校长室，对郭任远说："卢庆骏是我的学生，学习成绩突出，我不同意开除他学籍，我可以担保他没有问题。"郭任远态度很坚决："已经决定了，你争也没有用！"苏步青愤然回到办公室，写出辞职书："鉴于校方在决定开除我的学生卢庆骏学籍一事上处理偏颇，又无视教授们的正当要求，我无法忍受。今愿再次提出担保，以让卢庆骏继续学习。如果校方仍执意不改决定，我即辞职。特此告知。"辞职书公开后，在校园里引起很大反响，最后的结果是，卢庆骏不仅保住了学籍，而且毕业时还留校任数学系助教。

邓之诚请酗酒的学生再喝一杯

旧学功底很深厚的邓之诚1930年到西式的燕京大学任教，但仍处处行旧礼。每次讲课，往讲台上一站，总不忘摘下瓜皮小帽，然后深深地对学生一鞠躬，脑门常常碰到桌面。某日，学生王钟翰在校内喝醉了酒，摔倒在路边不省人事，违反了校规。此事传到校长司徒雷登那里，司徒雷登了解到王钟翰是邓之诚的学生，责成邓之诚处理此事。邓之诚把王钟翰叫到自己家里，随即倒了一杯老白干，大约有一两，他对王钟翰说，"再喝一杯吧。"王钟翰在老师面前当然不敢造次，怎么也不肯喝，在邓之诚的一再催促下，他忐忑不安地喝下了那杯酒。邓之诚然后慢条斯理地对他说："若想喝酒，以后就不要到外面去喝了，尽管到我家里来喝，让你喝个够。"随即就放王钟翰回去了。

中央大学的"八宝饭"

抗战期间,中央大学偏安重庆,学生食堂的伙食十分粗劣。主食米饭因杂有沙石、煤屑、糠皮甚至老鼠屎而被学生讥讽为"八宝饭",实在难以下咽;食堂里也只有竹桌,没有凳子,学生只能围着桌子站着吃。1943年春的校长风潮过后,蒋介石不知出于什么考虑,自兼了中大校长。不久,中大有人禀报,学生因伙食太差,正在酝酿学潮。蒋介石对来人说:"过天我到中大食堂吃一次饭,看学生还闹不闹。"几天后的一个中午,蒋介石当真来到中大食堂,他径自到木制大饭桶里盛了一碗"八宝饭",又取了一份菜,站在饭桌边开吃。刚吃了一口,就被小石子硌了一下。蒋介石闷声不响吃完这碗饭,又去盛了第二碗,一边吃一边问身边的学生:"你们每天都吃这样的饭菜吗?"答曰,"一年四季天天如此"。蒋介石吃完第二碗,对随行的官员说,米质太差,菜里的肉太少,要设法改进。话刚说完,他又去盛了第三碗饭,将剩下的份菜全部倒进饭碗里,统统吃光。蒋介石在学生食堂连吃三碗"八宝饭",意在对学生起威慑作用。

刘文典设计学生宿舍摆设百密一疏

西南联大时期,教授一般都兼任一些事务工作。有一年新生入学,刘文典负责给学生安排宿舍,他动了一番脑筋,设计了宿舍内床、书桌等物品的摆放位置:由于宿舍狭长,床铺东西向摆放,既有利于通风,又有效利用了宿舍的空间;两张书桌并排放在窗户下面,采光好,适合读书写字;其他一些杂物放在床铺与书桌的夹角处,不仅充分利用了空间,整个房间看起来也整洁有序。可第二天就有人反映,有个同学反对刘文典的宿舍设计,要求床位南北向摆放。刘文典自信他的宿舍设计是最合理的,没答应,不想那个学生执意要求重新安排,刘文典依然不理睬。让大家意外的是,当天下午刘文典又来到宿舍,不仅同意了那个学生的要求,而且还向他道了歉。刘文典当着许多学生的面说:"我犯了一个大错,当我回去查档案时才发现,这位同学是维吾尔族人，而在维吾尔族的习俗中，最忌讳的就是睡觉时头东脚西。所以，再合理的标准也不能凌驾于别人的习惯和风俗之上！"

吴宓怒砸"潇湘馆"

抗战期间，吴宓任教于西南联大，讲授欧洲文学史、英国文学史、希腊罗马文学等课程，对《红楼梦》也有精深研究并情有独钟，据说"红学"一词就是由他始提。当时，西南联大师生的生活极为艰苦，食不果腹、衣不保暖，连校长夫人、教授太太都沿街摆摊做小买卖以维持一家生计。有一位联大的学生，因生活所迫，在昆明文林街上开了一个小饭馆，以赚取菲薄的学费和生活费，为吸引食客，标新立异地将小饭馆取名"潇湘馆"。吴宓听说后大动肝火，认为这是亵渎了林妹妹。某一日，吴宓正好路过那里，一眼就看到"潇湘馆"的牌子，顿时怒从中来，也顾不得自己的教授身份，举起从法国带回的手杖，对小饭馆的门窗和用具一顿猛敲。那个学生见大名鼎鼎的吴教授如此动怒，只好关了这个小饭馆另谋营生。

陈望道重考王洪溥还其清白

1944年夏,复旦大学新闻系招生考试分为初试笔试和复试口试。初试过后,系主任陈望道收到一封匿名检举信,检举考生王洪溥"有人替考"。陈望道查阅了王的试卷和档案,了解到王当年毕业于江津九中,初试总成绩排在第七,已列入录取名单。鉴于当时替考事件时有发生,陈望道决定慎重处理。到了口试那一天,王洪溥以为只是走走过场,没有当回事。谁知就在他进入口试考场后,坐在正中的陈望道问过他的姓名,随后拿出三份空白考卷,严肃地对他说:"这是初试的作文、英文、数学考卷,你再重考一遍。"并强调说:"你就坐在这里做,要做得快些。你考过一次了,这次就按你上次考的那样做。我要拿你今天考的卷子同上次考的卷子对比,看你答得是不是一样。懂吗?"王感到很委屈,不过还是用一个小时将三份考卷都做完了,陈望道接过考卷,又拿出王的初试考卷进行对比,不时地与旁边几位教授交头接耳。陈望道的口气和缓了许多，又问了王洪溥一些问题，如"有仇人没有，在谈恋爱吗，脾气坏吗，最近打过架吗"之类。王洪溥一一回答之后，陈望道从公文包里拿出那封检举信，王根据笔迹断定是何人所为，如实向陈望道说明：初试过后，王对自己的初试成绩比较得意，有一次出言不逊得罪过此人。陈望道确证了王洪溥的初试成绩，还其清白并录取了他。

陈之佛手抄考生试卷全文

1946年夏，教育部举行公费留学考试。因抗战多年久不公派留学生，这次考试的竞争十分激烈。10月，中央大学教授陈之佛被抽到教育部"封闭"阅卷。他评阅的是美术史试卷，试题有两道，"试论中国山水画兴于何时，盛于何时，并说明其原因"，"意大利文艺复兴对于后世西洋美术有何影响？试略论之"。在众多试卷中，陈之佛判出了一份最佳答卷，不仅判给了最高的90多分，而且还爱不释手，索性将答卷的全文用毛笔抄下来带回家保存，以作教学之用。试卷是糊名的，陈之佛不知考生是谁，但十分赞赏这位考生的才华。11月发榜后，被录取的考生吴冠中到陈之佛家拜访，言谈之间，陈之佛问及吴冠中美术史的答卷情况，吴回忆了大概告之。陈之佛大悦，原来他手抄的那份试卷正是出自吴冠中的手笔。六十多年后，陈之佛的子女从吴冠中的回忆文章中知道了此事，于是将他们保存完好且不知答卷者何人的这份手抄件公诸报端。

谢国桢宽恕喻松青

谢国桢1949年后任教于南开大学历史系，1952年明史课期末考试，谢国桢出了几道"明史之最"的考题，诸如"明代即位最长的皇帝是谁""明代最著名的画家和诗人是谁"等，其中还有一个题目是"明代最风流的皇帝是谁"。一位名叫喻松青的女生对这道题很不以为然，有点恶作剧地在这道题下写了"谢国桢"作为答案，并且还画了一个疑似谢国桢的头像。试卷交上去以后，喻松青很后悔自己对老师的不敬，心理压力颇大。几天后，批改过的试卷发下来，唯独没有喻松青的，她忐忑不安地走上前去轻声询问，谢国桢若有所思地说："我有印象，你答得很不错，好像有 90 多分，卷子一下子找不到了。"稍顿，他接着说："那就按 90 分算吧，以后如果找到卷子，再发给你。"事情就这样过去了。20 世纪 50 年代后期，谢国桢调任中科院历史所研究员，某日文学所研究员陈毓罴来向谢国桢借书，寒暄中，谢随口问他夫人在哪儿工作，陈答在近代史所，谢国桢又问其夫人姓名，陈告"喻松青"。谢国桢听了哈哈大笑："她呀！我教过她。聪明得很，但也很调皮。没想到你们是伉俪！"

师友篇

许炳堃荐沈尹默任教北京大学

沈尹默1905年留学日本，未及一年就因经费困难回国，任教于杭州的中学堂。1912年春节期间，沈尹默正在吴兴老家闲居，某日，在日本订交的同乡、浙江省民政厅实业科科长许炳堃来访，闲聊中许炳堃谈及，北京大学代理校长何燏时和预科学长胡仁源近日有信来，对林琴南的教学颇为不满，说林琴南在课堂上"随便讲讲小说"，不甚用心。沈尹默听后，半是不解半是玩笑地说："如果讲讲小说就可以当教授，那我也可以。"许炳堃把这话当了真，向何燏时、胡仁源推荐了"章太炎的门生"沈尹默。其实，沈尹默并未受教于章太炎，而是其弟沈兼士，显然许炳堃记错了。不久许炳堃又来到沈家，带来了何燏时、胡仁源的电报，邀沈尹默去北大教书。1913年春，沈尹默到北大当预科教授，讲授中国历史等课程。

陈独秀盛邀胡适到北京大学当教授

1916年8月21日,时在美国哥伦比亚大学留学的胡适致信上海《新青年》杂志主编陈独秀,信曰"适以足下洞晓世界文学之趋势,又有文学改革之宏愿,故敢贡一得之愚",他在信中提出文学改革的"八不主义"。胡适虽自谦是"一得之愚",但陈独秀阅后却"合十赞叹,以为今日中国文界之雷音"。在陈独秀的催促下,胡适撰《文学改良刍议》一文,于1917年元旦发表于《新青年》第2卷第5号,就此一夜之间"暴得大名"。此时的陈独秀已被北大校长蔡元培聘为文科学长,急需人才,陈独秀向蔡元培推荐了胡适,蔡元培高度重视,嘱陈独秀代为力邀;陈独秀立即致信胡适,曰蔡元培"力约弟为文科学长,弟荐足下以代……孑民先生盼足下早日回国,即不愿任学长,校中哲学、文学教授俱乏上选,足下来此亦可担任"。胡适接信后,于1917年6月中旬启程回国,9月10日到北大接过了蔡元培签发的教授聘书,时年尚不足27周岁。

李大钊落实毛泽东当图书馆助理员

1918年8月,毛泽东和友人萧瑜、李维汉、罗章龙等从长沙乘火车到北京,与先期到京的蔡和森等人会合,准备赴法勤工俭学。后来毛泽东决定不去法国,留在国内,但他住在北京,生活一时无着落,蔡和森、萧瑜建议他到北大找个差事,一边打工,一边旁听。毛泽东接受了这个建议,到北大图书馆当了助理员。毛泽东是如何进入北大图书馆的,有多种说法。一说是毛泽东直接找到以前在长沙师范的老师、当时任教于北大哲学系的杨昌济,由杨昌济直接介绍给北大图书馆主任李大钊。另一说是蔡和森、萧瑜给蔡元培校长写了一封信,请求他"雇佣我们的一个无法赴法国的同伴为校内的清洁工人"。蔡元培是赴法勤工俭学运动的发起人之一,阅信后同情毛泽东的处境,写了一张便条给李大钊:"毛泽东需要在本校求职,使其可以半工半读,请在图书馆内为他安排一职。"此外还有其他一些说法。总之,不管是谁的关系,最终的结果是,李大钊落实毛泽东当图书馆助理员,具体工作是管理《申报》《时事新报》《京报》《晨报》《大公报》以及英文《北京导报》、日文《支那新报》等十多种中外文报纸,每天负责登记新到报纸和进馆阅览人。

林语堂收到的"北大预支工资"

在清华学校中学部任教的林语堂1920年考取官费留学哈佛大学,时任北京大学教务长的胡适与林语堂预约,邀林回国后到北大英文系任教。林语堂到美国后,官费未能及时寄到,恰逢林太太又患病住院手术,急需用钱。情急之下,林语堂想起了胡适的预约,于是打电报给胡适,求胡适代他向北大申请预支一点经费,待他以后到北大任教时扣除。林语堂很快收到胡适寄来的一千美元,解了燃眉之急。后来林语堂夫妇到欧洲访学,再次囊中告罄,胡适闻知,又汇去一千美元,助林语堂顺利完成了学业。1923年林语堂回国,如约来到北大,见到代校长蒋梦麟,感谢北大给他预支工资。蒋梦麟大感不解,问了事情经过,转而大笑,告知林语堂真相,原来那两笔资助,根本不是北大预支的工资,而是胡适自掏腰包。多年以后林语堂每忆及此事都大动感情,感激"胡先生对后学的这份无声援助"。

张竞生声援谭熙鸿续弦妻妹

北京大学教授谭熙鸿的妻子陈玮君1923年病逝,随后他娶了小姨子陈淑君。当时陈淑君已有婚约在身,她的未婚夫闻讯从广州赶到北京,闹得不可开交,还在《晨报副刊》大打笔墨官司。哲学系教授张竞生当时正在研究性学理论,发现这是一个很好的案例,于是在《晨报副刊》发表《爱情的定则与陈淑君女士事的研究》一文,一方面为谭熙鸿鸣不平,声援谭熙鸿,另一方面再次宣传他的"爱情四定则":"一、爱情是有条件的;二、爱情是可比较的;三、爱情是可变迁的;四、夫妻为朋友的一种。"张竞生在文中称赞"陈女士是一个洋式的、喜欢自由的女子,是一个能了解爱情,及实行主义的妇人",并且主张"主婚既凭自己,解约安待他人!凭一己的自由,要订婚即订婚,要解约即解约"。

胡适维护怪才缪金源

被称作南通才子的缪金源，1924年从北京大学哲学系毕业，留校任教，教大一国文。大约在1932年前后，新学期开学，缪金源给学生开列参考书，竟然怪异地开出四本书："第一，《胡适文存一集》；第二，《胡适文存二集》；第三，《胡适文存三集》；第四，《胡适文存四集》。"缪金源确实是个怪才，声称能背诵五千多首古诗，课讲得也很好，但如此这般开列参考书，当然引起学生反感。学生选出代表去见文学院院长胡适，要求更换老师，学生代表对胡适说："缪先生教得不好，思想太落后，还停留在五四时代。"一向好脾气的胡适，闻罢此言竟动了气，拍着桌子对学生代表说："什么是五四时代？你们刚进校门，懂什么五四时代？太狂妄了！缪先生是好老师，不能换。"就这样把学生代表顶了回去，维持缪金源继续授课。

梁启超力荐陈寅恪任教清华研究院

1925年,清华大学开办国学研究院,已到研究院任导师的梁启超,从吴宓那里了解到正在国外游学的陈寅恪是上佳人选,于是向校长曹云祥推荐。曹云祥不了解陈寅恪,问梁启超:"他是哪一国博士?"梁启超答:"他不是博士,也不是硕士。"曹云祥又问:"他有什么著作?"梁启超答:"也没有著作。"曹云祥说:"既不是博士,又没有著作,这就难了!"梁启超听罢,颇动感情地对曹云祥说:"我梁某也没有博士学位,著作算是等身了,但这些著作还不如陈先生寥寥数百字有价值。好吧,你不请,就让他在国外吧。"曹云祥为慎重起见,又多方了解,终于了解了陈寅恪的学术水平和价值,决定聘请陈寅恪。既无文凭又无著作的陈寅恪就这样来到清华国学研究院,继王国维、梁启超、赵元任之后,成为第四位导师。某日,研究院的学生到陈家请益,陈寅恪送给他们一副对联:"南海圣人再传弟子,大清皇帝同学少年。"上联是指:导师梁启超是康有为的学生，因而研究院的学生也就是康南海的再传弟子；下联意指：导师王国维曾做过溥仪的老师，所以研究院的学生也就是宣统皇帝的同学了。

钱玄同对高步瀛以德报怨

20世纪20年代后期，钱玄同、高步瀛都执教于北京师范大学中文系，高步瀛比钱玄同年长十多岁，强烈反对钱玄同"言文一致""选学妖孽、桐城谬种"的主张。某日，高步瀛上"文选"课，讲着讲着，突然大发脾气，声色俱厉地怒斥道：选学妖孽、桐城谬种，谁是"妖孽"？谁是"谬种"？他们懂吗？痛骂一阵之后，高步瀛逐渐平静下来，继续批道：这也难怪，有些文章还作不通的人，就自吹自擂是"庾徐复生，方姚再世"，吹嘘自己是骈文家、古文家，胡说一通，招摇过市。"这是骈文、古文的末流、败类，不能怪《文选》，不能怪方姚。有人提出要打倒他们，倒也情有可原。"钱玄同当时是中文系主任，他对此倒也不在意，每学年发聘书时，钱玄同总是亲自登门为高步瀛送去教授聘书。

鲁迅拒绝与顾颉刚共事

鲁迅 1926 年秋从北京到厦门,任厦门大学国学研究院和国文系教授,但他在厦大不足四个月便辞职离去。鲁迅辞职的主要原因,一是与顾颉刚、林语堂等人根深蒂固的矛盾,他们实在无法在一起共事;二是不满林文庆校长尊孔祭孔的办学主张。鲁迅离校前,林文庆在鼓浪屿设宴为他饯行,席间林文庆称赞陈嘉庚捐款办学的精神,言及陈嘉庚当时在南洋的实业处于低谷,需要厦大同仁体谅云云。鲁迅听罢颇为不快,当场从口袋里掏出两毛钱说是捐给学校。1926 年底,鲁迅应邀到中山大学任教授兼中文系主任,听到鲁迅来校任教的消息,"全体学生如同听到北伐军克复武昌一样的高兴"。在鲁迅到中大后不久,校方聘许广平到校担任助教,以为鲁迅应该可以在中大安居乐业了。可是不久,鲁迅听到顾颉刚也要来中山大学的消息,大发脾气,声称顾颉刚来他立马走人。校长朱家骅见矛盾无法调和,在顾颉刚到校后,马上派顾到外地购买图书资料,以作缓冲之计。然而，朱家骅的努力未能见效，鲁迅很决绝地离开了中山大学。

胡适暗助沈从文师生恋

在文坛崭露头角的沈从文1928年到中国公学任教，初登大学讲坛，讲课还比较吃力，但他却看上了一位名叫张兆和的女学生，沈从文写给张兆和的情书一封接一封，然而张兆和的芳心却坚如磐石，丝毫不为所动，也不回复只言片语。直到沈从文扬言要自杀，张兆和才终于有了反应，但她不是去见沈从文，而是跑到校长胡适那里去告状，表示对沈从文的纠缠很反感，也怕沈从文真的想不开寻短见。本来指望胡适会安慰安慰她，并且教训一下沈从文，不料胡适听完张兆和的哭诉却对她说：信写得蛮好的，不妨接触接触。张兆和在胡适那里得不到援助，只好消极躲避沈从文。过了几天，胡适居然来动员张兆和，要她和沈从文先交往交往，还说自己与其父熟稔，如果家里有什么阻力他可以去说和说和。

洪业建议续聘邓之诚

邓之诚早年任教于北京大学,并在国史编纂处从事民国史编纂,1930年秋任教燕京大学历史系。邓之诚学问渊博,但思想行为很旧,他身着带有前朝遗风的蓝布长衫,头戴瓜皮小帽,而且在正室之外还娶有一房姨太太,因而与燕京大学的西式风格显得格格不入。到了续聘阶段,不少教师向校长司徒雷登进言,不应续聘邓之诚。司徒雷登一时拿不定主意,征询历史系主任洪业的意见,洪业对司徒雷登说,邓之诚学问好,又为人正直,足以为燕大增光,至于个人私生活,则不宜妄加干预。司徒雷登信任洪业的保荐,继续聘任邓之诚在燕大任教。太平洋战争爆发后,邓之诚和燕京很多教员被捕,他获释后拒任伪职,出版多部论著,确实为燕京增光添彩。

顾颉刚荐钱穆任教燕京大学

钱穆早年在常州和南京读中学，1911年爆发辛亥革命，学堂停办，钱穆中学没毕业就辍学，到中小学任教，同时研读古代典籍。1929年钱穆著《刘向歆父子年谱》，顾颉刚阅其手稿后，对钱穆说，"你应该去教大学。"顾颉刚向燕京大学推荐了钱穆，于是中学没毕业的钱穆进燕京大学任讲师，教大一、大二国文。第一个月的月考，他按以前在中学里教书的办法，照例给几个学生判了不及格，这几个学生来找他，很沮丧地说，燕大有规定，新生月考如不及格就得退学。钱穆了解到他们中有好几位是从福建、广东来的，同情他们，于是到教务办公室去索要试卷以更改分数，他对教务人员说："我是新来的老师，不知学校有这样的规定，否则决不会给学生不及格分数。"对方说："此乃私情。你不知学校规定，说明你批的分数正确无误。"钱穆道："我一人批分数是我一人之私，学校不能凭我一人之私以为公。我心有不安，一定要取回另批。"对方不敢擅自做主，经与校方商量后，准许钱穆取回试卷重新批改。

傅雷为了张弦与刘海粟绝交

1931年秋，傅雷、张弦、刘海粟三位挚友一起自法国回到上海。不久，张弦、傅雷先后应校长刘海粟之邀，到上海美术专科学校任教，傅雷兼任校长办公室主任，张弦兼任西画科主任。其时，刘海粟为办学经费计，不得不忙于上海滩的各种交际，因而用于绘画的时间大为减少。傅雷对刘海粟的这种办校方式很反感，斥之为"商店作风"。傅雷尤其看不惯的是，刘海粟由于没有时间作画，经常由张弦代笔，而张弦的家境又很困难，很需要卖画补贴家用。傅雷看不下去，几次要求刘海粟给张弦加薪，刘海粟推说学校有难处，一直未允，傅雷增加了对刘海粟的怨气，不久便从上海美专辞职。1936年暑假，张弦因病去世，傅雷认为是刘海粟剥削所致，于是在筹备张弦遗作展时，当众宣布与刘海粟绝交。

林损被校方解聘迁怒于胡适

北京大学中文系教授林损旧学功底深厚，但性喜喝酒骂人，尤其是常常辱骂新派教授。林损有一次在校园偶遇钱玄同，林损明知故问："你现在教何科目？"钱答"音韵学"。林损高声说："狗屁！"钱很恼火地质问他，"怎能把音韵学说成狗屁？"林损笑曰："狗屁也有音韵！"1934年春林损被校方解聘，虽然决定是由校方做出的，但林损却迁怒于胡适，因为当时胡适担任文学院院长兼中文系主任，多少脱不了干系。林损在北平《世界日报》发表《致北大文学院长兼国文系主任胡适》公开信，声称胡适打击自己，同时致信胡适，指责他"尊拳毒手，其寓于文字者微矣"，"有所媒孽"。胡适复信林损表白说："胡适之向来不会在文字里寓意骂人。如有骂人的工夫，我自会公开的骂，绝不用'寓'也"。还说："我对人对事，若有所主张，无不可对人说，何必要作'媒孽'工夫？"

胡适化解学生驱逐梁实秋事件

1934年夏,梁实秋应北京大学文学院院长胡适邀请到北大任英语系教授,英语系的学生对留学美国名校的梁实秋充满了期待。谁知,在第一堂英国文学史课上,梁实秋一上讲台就说:"我给大家讲这门课程,其材料的来源我不告诉大家。假如你们有看书看得多的,知道来源何处,也没多大关系。总之,我就照这样讲下去。"在英诗课上,梁实秋又说:"我教你们读诗,就是读诗而已。至于诗的内容,诗的音调,如何去鉴赏,我都不教。"意思大概是让学生自己去体会,可这样的口气,北大学生如何受得了;尤其让学生不能接受的是,北大的英语类课程,老师都是全英语讲授,用英语解释英语,可梁实秋偏偏用汉语讲授,用北京官话解释英语。学生给梁实秋写了一封英文抗议信,意思是:"梁教授:从你上周二、周三的讲课来看,你对文学和诗歌的态度我们难以接受……再见,梁先生。这是我们对你的最后通牒,你最好不要再出现在我们的课堂上。如果你不信我们的话，我们将罢课抗议。"署名是"英语系二年级"。梁实秋大怒，把这信拿到胡适面前，言称"自行解任退聘"。胡适当然尽力挽留梁实秋，他在文学院发布公告："各系学生：对于课程、学业，如有意见，均可由个人签名负责向院长及系主任陈述。倘有用匿名函件，攻讦教员或用匿名揭帖，鼓动罢班者，一经查实，定行严惩。"又到学生之中做工作，说了梁实秋的许多好话，平息学生的情绪；同时，胡适又去做梁实秋的工作，敦促梁实秋改用全英文授课。一场风波基本得以化解。

容肇祖的临大教授嵌名诗

1937年，北大、清华和南开组成长沙临时大学时期，文学院有19位教授。某日容肇祖诗兴大发，将这19位教授的名字联成嵌名绝句五首，第一首："冯阑雅趣竟如何，闻一由来未久多。性缓佩弦犹可急，愿公超上莫蹉跎。"第二首："鼎沈名水是耶非，秉璧犹能完璧归。养士三千江上浦，无忌何时破赵围。"第三首："从容先着祖生鞭，未达元希扫虏烟。

晓梦醒来身在楚,皑岚依旧听鸣泉。"第四首:"久旱苍生望岳霖,谁能济世与寿民。汉家重见王业治,堂前燕子亦卜荪。"第五首:"卜得先甲与先庚,大家有喜报俊升。功在朝廷光史册,停云千古留大名。"五首绝句中的教授分别指:冯友兰、闻一多、朱自清(佩弦)、叶公超;沈有鼎、郑秉璧、浦江清、柳无忌;容肇祖、吴达元、孙晓梦、罗皑岚;金岳霖、刘崇𬭎(寿民)、杨业治、燕卜荪;周先庚、吴俊升、罗廷光,而"停云"者,临大教授宿舍楼名也。

钱锺书蹊跷脱离西南联大去蓝田师院

钱锺书1938年自英归国,许多大学争相聘请,钱锺书选择回母校清华大学,到西南联大外文系任教;10月下旬钱锺书抵达昆明,讲授大一英文、文艺复兴时期的文学、现代小说三门课,教学效果深得师生赞许。次年暑假,钱锺书去上海探亲,暑假过后没有任何先兆地未回西南联大,而是选择去湖南蓝田师范学院。其中缘由,颇耐人寻味。据钱锺书夫人杨绛说，当时钱锺书的父亲钱基博在蓝师任教，身体多病，希望儿子能陪侍左右，钱锺书不忍拂逆父意，于是给联大外文系主任叶公超去信说明情况并请假一年，之所以给叶公超去信而未直接给校长梅贻琦去信，就是"因为私心希望下一年暑假陪他父亲回上海后重返清华"。据说钱锺书始终没有得到叶公超的复信，也没有收到校方的任何信息，因此他在 1939 年 10 月中旬离开上海，前往湖南蓝田。谁知钱锺书刚离开上海两天，杨绛就收到堂姐夫的来电，怪罪钱锺书为什么不回复梅校长的电报，可不知是哪个环节出了问题，钱锺书说他确实没有收到过这份电报。

只有小学文凭的金克木任教湖南大学

1939 年夏，湖南大学文学院急需法文教师，遍寻无着，英文教授陈世骧向院里推荐了只有小学文凭的金克木，陈世骧说，金克木"虽然没有上过大学，但法文水平很高"，依据是，金克木曾在北京大学旁听英文课，后来又旁听了法籍教授邵可侣的法文课，整理校订了邵可侣的讲义《大学初级法文》。这本书后来由商务印书馆出版，成为北大等校的流行教科书，邵可侣在书序中特地提到了金克木对此书的贡献；此外，金克木还是邵可侣组织的"法语圈"交际活动的积极参与者。湖大文学院在审查了这本教科书以及金克木的其他教学履历之后，接受陈世骧的推荐，正式聘金克木为法文教员。陈世骧虽然对金克木的法文水平有所了解，但对他是否胜任大学课程也心里没底，就在金克木上第一堂课时，陈世骧躲在教室外面听了整整一节课，等到这节课上完，陈世骧确信自己的推荐没有错。

李约瑟与石声汉的诗和

1943年春，中英科学合作馆主任李约瑟博士为推动中英科学合作，踏上了考察中国学术机构的行程。5月底，他到达偏安于四川乐山的武汉大学，在文庙崇圣祠校长临时办公地拜会了王星拱校长，参观了设在文庙大成殿内的图书馆，还访问了位于城外李公祠的理学院。在理学院，李约瑟结识了毕业于伦敦大学、"一位很有剑桥气质的真菌学家和植物生理学家"石声汉教授。结束武大考察后,李约瑟下一站是地处李庄的同济大学,武大校方特意安排石声汉护送。6月3日,石声汉与李约瑟一行搭乘盐船由水路前往李庄,一路上为排遣旅途劳顿和寂寞,他们二人用中英文相互唱和,吟诵唐诗宋词。完成护送任务后,石声汉与李约瑟告别,分别之际,石声汉赠李约瑟一立轴,书"人道敏政,地道敏树"八个字,李约瑟将其译为一副蒲柏式联句:"由树木的成长,最能辨识自然;从社会的秩序,可以懂得人生。"

郑天挺用半截墙缓解蒋、周两家矛盾

西南联大时期,原北大的教职工大多住在昆明东北郊岗头村一隅,简陋的住房相互之间挨得很紧。校长蒋梦麟的夫人脾气不好,与邻居常发生矛盾,1943年前后与周炳琳教授夫妇的冲突尤甚,偏偏他们两家又是紧邻。蒋梦麟身为一校之长,素以行政能力著称,可对邻里矛盾也束手无策,眼见闹得不可开交，只好将矛盾"下交"给北大总务长郑天挺，命他在"蒋屋"和"周屋"之间砌一高墙，将两家挡开，眼不见为净。郑天挺对蒋梦麟陈以利害，说砌墙势必引发恶议，造成不良影响。但蒋、周两家都听不进去，坚持要砌这道墙。郑天挺只好调来泥瓦匠施工，及至这堵墙砌至膝盖高、抬一抬腿就能跨过的高度，郑天挺突然叫停。蒋、周两家见状，不断催促继续开工往上砌，郑天挺偏不发令，那半截子墙眼睁睁就这样横在众目睽睽之下。半个月后，转机终于出现，蒋、周两家天天看到这半截子墙，渐生羞愧之心，私下里都求郑天挺索性拆了。郑天挺欣然从命，立马完工，蒋、周两家的矛盾得以缓解。

陈垣调侃启功的谢绝信值三十元

抗战胜利后，辅仁大学某教授任北平市某局局长，这位新任局长邀请辅仁的同事启功去当科长，做他的助手。启功一时拿不定主意，跑去征求自己的老师、辅仁大学校长陈垣的意见。陈垣问启功：

"你母亲愿意你去当科长吗?"启功说:"我母亲自己不懂的,所以要我来请教老师。"陈垣又问:"那你自己愿意当这个科长吗?"启功又回曰:"我本少宦情。"陈垣听罢,对启功说道:"既然你无宦情,那么我可以告诉你:学校送给你的是聘书,你是教师,是宾客;衙门发给你的是委任状,你是属员,是官吏。"启功听了陈垣的这一番忠告,茅塞顿开,立刻回家给那位局长写信,婉言谢绝他的邀请,信写好之后,启功又拿去请陈垣过目,陈垣阅后笑呵呵地调侃说:"这封信值三十元。"

郑天挺、傅斯年劝阻蒋梦麟未果

1945年初夏,抗战胜利在望,国民政府行政院改组,宋子文受命组阁,游说北大校长蒋梦麟出任行政院秘书长,蒋梦麟对北大校长的滋味确实也尝够了,瞻前顾后,答应了宋子文。消息传到尚在昆明的西南联大,北大教师普遍表示反对,尤以历史系教授郑天挺和傅斯年为甚。郑天挺说:"果有此事,未免辱人太甚,不惟(蒋)个人之耻,抑亦北大之耻。"在郑天挺看来，北大校长的地位、威望均高于行政院秘书长，由北大校长转任行政院秘书长，岂非耻辱？郑天挺叹曰："（蒋）师果允之，则一生在教育界之地位全丧失无遗矣！"郑天挺还到蒋梦麟夫人那里，企图走夫人路线，让蒋夫人劝阻蒋梦麟。傅斯年听到这个消息后，更是怒不可遏，找到蒋梦麟"大吵大闹"，蒋梦麟深知傅斯年的性格，毫不相让，结果两人不欢而散。次日蒋梦麟专程造访傅斯年，称各位同仁"用意极善"，"愈思愈感其忠诚"，但蒋梦麟最终还是去行政院上任了。

傅斯年荐胡适出长北京大学

1945年8月，北京大学校长蒋梦麟转任行政院秘书长，蒋介石有意让傅斯年接任北大校长，并托教育部部长朱家骅代为说项。傅斯年闻言，坚决不肯，他认为唯有胡适最适合。8月17日，傅斯年致信蒋介石，先是说明自己"患恶性血压高"，难当此重任，随后写道："抑有进者，北京大学之教授全体及一切有关之人皆盼胡适之先生为校长，为日有年矣。适之先生经师人师，士林所宗，在国内既负盛名，在英、美则声誉之隆，尤为前所未有。今如以为北京大学校长，不特校内仰感俯顺舆情之美；即全国教育界，亦必以为清时佳话而欢欣；在我盟邦，更感兴奋，将以为政府选贤任能者如此，乃中国政府走上新方向之证明；所谓一举而数得也。适之先生之见解，容与政府未能尽同，然其爱国之勇气，中和之性情，正直之观感，并世稀遇。……"傅斯年的信显然发生了作用，二十多天后，国民政府正式发布了胡适为北大校长的任命。

郑天挺被调南开大学很顾虑

被师生尊称为"北大舵手"的郑天挺，长期任教于北京大学历史系，曾兼任北大总务长、秘书长，对北大贡献良多，对北大有很深的感情。1952年院系调整，郑天挺时任北大历史系主任，奉命调往天津南开大学，对此他很有顾虑。郑天挺后来回忆说：当时"我在思想上颇为波动。第一，我五十多年基本在北京生活，热爱北京。第二，我中年丧偶，一直和子女一起生活,而他们都在北京,到天津后我必然又如在昆明一样,过孤单的生活。第三,我多年从事清史的研究和教学,北大及北京其他各单位的清史资料浩如烟海,绝非其他地方所及"。然而,波动归波动,由于院系调整采取了几乎是半军事化的方式,令行禁止,据说郑天挺最终还是"愉快成行"了,与清华历史系主任雷海宗等著名教授一起调到南开历史系。

束星北为苏步青被诬动粗

20世纪50年代初,束星北和苏步青都在浙江大学任教,"三反运动"开始后,有一个同事不知出于什么原因,诬告苏步青贪污学校的财物。负责运动的干部急于立功,接到举报后不问青红皂白,就要审讯苏步青。苏步青感到莫大的冤枉和屈辱,躲在家里意欲自杀,想以死自证清白。束星北痛恨背后举报的小人行为,也痛恨那些喜欢整人的干部,闻讯之后怒气冲冲闯进学校的"三反运动"办公室,也不管旁边有没有人,一把就抓住那个干部的衣领,将他拽了起来，怒不可遏地吼道："你知道苏步青是什么人吗？你算个什么东西！"然后一拳打过去，打得此人鼻孔顿时出血。束星北闯下大祸，被扣上"殴打革命干部，抗拒运动"的罪名，在学校里受到严酷的批斗，并以"反革命"罪名被长时间关押。

胡适资助陈之藩留美

陈之藩早年就读于北洋大学，毕业后到台湾制碱公司任实习工程师，1954年萌发了去美国留学的愿望，但他囊中羞涩，望洋兴叹。胡适听说后，立即寄了400美元给陈之藩，使他得以留学宾夕法尼亚大学攻读电机工程。当时胡适寓居纽约，没有生活来源，400美元对他真不是一个小数目。后来，陈之藩经济状况好转，立即将这笔钱寄还给胡适，胡适给陈之藩写了一封简短的回信，信中写道："之藩兄：谢谢你的信和支票。其实你不应该这样急于还此四百元。我借出的钱，从来不盼望收回，因为我知道我借出的钱总是'一本万利'，永远有利息在人间的。"陈之藩后来回忆说："这是胡先生给我的最短的一封信,却是使我最感动的一封信,如同乍登千仞之冈,你要振衣;忽临万里之流,你要濯足。在这样一位圣者的面前,我自然而然地感到自己的污浊……我每读此信时,并不落泪,而是自己想洗个澡。我感觉自己污浊,因为我从来没有过这样澄明的见解与这样广阔的心胸。"

学风篇

总教习钟荣光注册本校兼做学生

钟荣光17岁中秀才，28岁中举人，曾参加兴中会，旧学功底深厚，经历丰富，在当地名望很高。1899年，33岁的钟荣光受洗为基督徒，同年应教会之聘到广州格致书院任汉文教习，书院为借助于他的名气扩大影响，不久又将他擢升为总教习。钟荣光虽旧学深邃，但他自知对西学所知甚少，尤其缺乏西方自然科学知识，而广州格致书院开设有很多的自然科学课程，他决定利用书院的有利条件学习自然科学，以补自己的短板。为提高学习的责任心和效率，钟荣光按照正常手续报名，正式注册该校广学班，既身任书院总教习，又成为书院广学班正式学生。钟荣光在授课和主持汉文教务的同时，随班听课，学习算学、物理、化学、生物等课程，1905年他通过考试从广学班正式毕业。广州格致书院后来发展成岭南大学。

陈汉章不当教授改做学生

陈汉章自幼博闻强记、饱览经史，曾师从朴学大师俞樾，文名鹊起于士林；1888年中举人，后数次赴会试，荐而未仕。1909年，京师大学堂慕其文名，聘他担任经学科教员。陈汉章从家乡浙江象山一路辗转来到京城，刚进入京师大学堂，就发现大学堂里硕学鸿儒人才济济，连很多学生都功名在身，受到很大触动，他经过权衡，决定先不当教员，而是先当学生，以补未仕之憾。陈汉章向校方正式提出申请后，经校方批准，于当年注册进入经科，后入文科史学门就学。陈汉章在大学堂苦读数年，不久辛亥革命爆发，翰林当然是点不成了，但他的学问却大进。1913年春，陈汉章从北京大学毕业，顺理成章留校担任史学门教授，讲授中国上古史等课程。

罗忠忱残酷的每周一考

罗忠忱1911年毕业于美国康奈尔大学，回国后任教于唐山铁路学校、交通大学唐山分校，讲授工程力学等课程，向以考试严苛著称。他的课，每个星期小考一次，每次两道题，每题50分，一小时完成，答题要求准确到小数点后两位数，批分数更是毫不留情，只要有一点点差错，如3.76算成3.75，一概不给分。每次考试下来，全班只有三个分数，要么两题全对100分，要么对一题50分，其他全是0分，而且每次考下来，绝大多数都是50分和0分。有些同学常对他申诉，说是只错了小数点后面一位数，或者只错了一个符号，罗忠忱总是正色回曰："我这样考你们，正是要你们明白，你们是学做工程师的。有一天，你们中间哪位受命造一座大桥，结果塌了下来，你能说是不小心在小数点后面错了一位吗？"抗战期间，有一位同学就是这一门工程力学，小考大考共补考了上百次都过不了关，年年重修，直到第五年才及格，毕业后去美国留学获物理学博士学位，成为罗忠忱眼中"哀兵必胜"的典型。

湘雅医校的"荣誉诚实制度"

湘雅医学专门学校创办于1914年，由留学美国耶鲁大学的颜福庆任校长。在颜福庆的主导下，湘雅医校的教学以严格著称。当时学校规定：月有月考，学期有期末考；全学期总成绩，月考分数占三分之二，期末考占三分之一；单科成绩以60分为及格，总平均以70分为及格；凡有二门主课不及格者留级一年，有三门主课不及格者或连续两年留级者则予退学。然而，在如此严格的考试制度下，学校却实行一种"荣誉诚实制度"：考试没有监考。考试时，老师在课堂上出完考题便离开课堂，学生自行做题，由最后一位完成考试的学生把全班试卷收齐，一齐交给老师。如若有作弊者，一律开除。正因为有如此严格的考试、教学制度保障，湘雅医校的毕业生一直享有盛誉；在中国近代医学教育史上，也长期流传着"南湘雅，北协和"的佳话。

北京大学济济一堂的"偷听生"

自蔡元培长校起,北京大学的课堂一直都很开放。从 1917 年直到 1937 年北大迁校南下前,在沙滩附近的一些小公寓里,住着不少慕北大之名前来求学的青年学子,他们不是北大的学生,也不办任何旁听手续,却自由自在地出入北大课堂听课,因而被称为"偷听生"。这些"偷听生"之所以能够大摇大摆在北大自由出入,得益于北大实行"开门办学",校门洞开,没人查证件,更不会向他们收几块钱的听课费;北大的教授在课堂上也没兴趣问你的来历,一般都不点名,来者不拒。因此,"偷听生"不但可以泰然坐在北大教室里听课,听完课照样可以追上去向教授质疑问难,甚至还可以将自己的大作递上去请教授斧正。教授们也不厌其烦,乐将这些习作带回去批改;对于习作中的精彩之处,教授们下堂课还可能当堂表扬。而且,这些"偷听生"也很受正式学生欢迎,原因是北大不少学生散漫成性,长年累月缺课的不在少数,他们缺席空出来的那一些座位，正可以由"偷听生"填充，所以课堂里看起来仍是济济一堂。

"协和毕业的"与"协和出来的"

北京协和医学院 1917 由美国洛克菲勒基金会资助创办，仿照美国最优秀医学院的办学标准，学制八年，前三年为预科，开设数理化生和人文社会课程，后五年为本科，其中前两年为基础课，后三年为不分科的临床教学。协和医学院实行最严格的淘汰制度，学生需要经过难计其数的大考小考，身经百战，只有真正及格者才能八年读完毕业，当时，这些毕业生被称为"协和毕业的"，含有精英、佼佼者之意。但是，学生从协和毕业后，一般并不离开协和，他们按照自己的志愿选定某一专科，在协和医院当住院医师，在临床上再实践三至五年。这样加起来，他们在协和的学习时间都在十二年左右。完成了十二年的完整训练过程之后，才被认作是一个医生"成品"，而这些成品在当时则被尊称为"协和出来的"。"协和毕业的"本已凤毛麟角，而"协和出来的"显然比"协和毕业的"更加金贵,是全国各大医院争抢的稀缺品。

胡适主动到场恭听梁启超批胡

胡适于1917年到北京大学任教,讲授中国哲学史等课程,他的著作《中国哲学史大纲》于1919年出版,被学界誉为具有划分经学史和哲学史的划时代意义。然而,梁启超对此书却褒贬不一,1922年3月3日、4日,梁启超应邀到北大连续做两天学术演讲,演讲题目是"评胡适之《中国哲学史大纲》"。第一天演讲,梁启超对该书发表了很多批评意见,胡适耳闻,决定次日亲自到场去听梁启超批胡。第二天,梁启超见胡适来了,精神头更足,他对胡著的主要观点悉数臧否,并总结道:"这部书讲墨子、荀子最好,讲孔子、庄子最不好。总说一句,凡关于知识论方面的,到处发现石破天惊的伟论,凡关于宇宙观、人生观方面的,十有九很浅薄和谬误。"梁启超讲完这些,对台下的胡适说:"适之,你以为如何?我没有造谣吧。"胡适即席表态,既感谢梁启超的指正，又对梁启超的批评进行了解释和回应，随后演讲会就变成了梁启超和胡适的学术讨论会。

陶行知改"教授法"为"教学法"

陶行知留学美国哥伦比亚大学师从杜威，回国后任教于南京高等师范学校并兼教务主任，其间从事生活教育理论研究和推广。1919年陶行知应主编蒋梦麟之约，为《时报》"世界教育新思潮"专栏写了《教学合一》一文，文中提出，"教授法"一词不符合教育规律，忽视了学生在教学过程中的主体作用，因此他呼吁以"教学法"代替"教授法"。其后不久，在南京高师的校务会议上，陶行知正式提议从本校做起，改"教授法"为"教学法"，但这一提议并没有获得通过，因为其他人觉得"教授法"一词用惯了，无伤大雅，没必要改。后来是苏州师范学校首先采纳了陶行知的建议，在课程表上将"教授法"全部改为"教学法"，陶行知乘此东风，在南京高师再次提出此议，终获通过。此后各大中学校群起效法，著名学者也纷纷响应，"教学法"一词遂沿用至今。

叶企孙应需研究本校大礼堂回音问题

1921年建成的清华大学大礼堂是一座罗马式和希腊式的混合古典建筑，富丽堂皇。遗憾的是声学设计有缺陷，任何声音发出，余音都很长，形成多重回音，音响效果不好，校方虽有心改造但却一直无计可施。哈佛大学物理学博士叶企孙1926年到清华任教，主持创办物理系，他主张，物理系"自最浅至最深之课程，均为注重于解决问题及实验工作，力戒现时高调及虚空之弊"；他尤为重视学生动手能力的训练，要求物理系学生学习木工、金工和机械制图等课程并自己动手制造实验设备。校方有鉴于此，就试探性地向叶企孙提出，能否研究一下大礼堂的重音问题。叶企孙的主攻领域是电磁学，与声学有一定距离，但叶企孙率领赵忠尧和施汝为两位助教以及几个工人很快就进入状态。当时我国的建筑声学尚是一片空白，他们自己动手设计、制造测试仪器；现场声学实验对环境的要求十分苛刻，很多测试只能在晚上万籁俱寂时进行；为了测试人体、服装等因素对声音的吸附能力，他们常常在大礼堂晚间电影放完之后，留下观众进行测试。叶企孙等人经过一年多的研究，终于找到了减缓大礼堂余音的方案，同时也开了我国建筑声学研究的先河。

陈寅恪的"有""无"和"非无"

陈寅恪在大学里讲授的课目有目录学、梵文、年代学、魏晋南北朝隋唐史、唐代西北史料、高僧传研究、佛经翻译文学、蒙古源流研究等多门。他上课从不点名，从无小考，唯有一次期末大考。他认为，问答式的笔试，不是考查学生学问的最好办法，所以他都以论文作为大考的主要形式。他对论文的要求是，或者是有新的资料，或者是有新的见解；而在两者之中，他特别强调资料的重要性："最重要的就是要根据史籍或其他资料以证明史实，认识史实"，从而形成"对史实的新理解、新看法"。为此，他一再要求学生，凡前人对历史发展所留传下来的记载或追述，我们如果要证明它为"有"，相对而言则较易，因为只要有一二种别的记载以作旁证，即可证明其为"有"；而要证明其为"无"，则委实不易，难度极大，因为只是查了一二种有关文献而不见其"有"，那也不能称"无"，因为资料很难齐全，只要资料没有穷尽，就不能称"无"；即便地面上的资料都查全了，依然要慎言"无"，安知地下尚有未挖掘的资料而"非无"呢。

戴季陶与学生考证孟姜女当众大哭

戴季陶1927年夏任中山大学校长，上任后不久，他听说文史科的许多学生在考证孟姜女哭长城一案，而且众说纷纭，争论很激烈。戴季陶对这个议题很感兴趣，也很赞赏学生这种学习态度，于是吩咐秘书召集这些同学来座谈。戴季陶生性多愁善感，泪点较低，每有小小感动或伤感，就会情不自禁地流泪。那天，几十个学生按通知准时来到教室，主持人戴季陶走上讲台，静默了片刻，刚要张口讲话，不料话未出口他竟然低声呜咽起来，接着哭声一浪高过一浪，最后几乎就是嚎啕大哭了，学生们见状，都莫明其妙，手足无措。过了好几分钟，戴季陶终于哭完了，他抹抹眼泪对学生解释道："闻诸君但知孟姜女哭长城，故不能不为诸君痛心而哭。"随后，他开始与学生讨论孟姜女哭长城问题。

萨本栋编撰《普通物理学》中文教科书

萨本栋 1927 年获美国伍斯特工学院物理学博士学位，次年回国任清华大学教授，讲授普通物理学等课程。当时，物理学在中国还是一门新学科，大学所用教材均为英文原版。萨本栋在教学中感觉到，亟须编写一本中文版大学物理学教科书，于是他放下手里的科研任务，开始编写《普通物理学》和《普通物理学实验》。他的编写宗旨很明确，既要反映经典物理学基本知识，又要吸收现代物理学的新成果，同时还要兼顾中国大学生的认知特点，体现本土化特色，特别是要适用于主修物理和非主修物理的所有学生。经过数年的精心编写，中文版《普通物理学》于 1933 年正式出版，全书充分体现了萨本栋的编写宗旨："以叙述问题之起因及现象性质之大概为发端,论列物理的律例及其相互之关系为躯干,而以各事象之应用为枝叶,及解释此等现象之学说为归宿。"六十多年后的 2001 年 5 月 28 日,在北京中国高等科学技术中心举行诺贝尔物理学奖得主李政道"厦门大学名誉教授"聘任仪式,李政道即席发言说道:"30 年代我读大学的时候,我读的《普通物理学》一书就是厦门大学校长萨本栋先生著的。在当时,那是中国国内学习自然科学的大学生都要读的课本,这本书对我一生都有很大的帮助。"

"张凤可杀,方法不朽"

张凤是法国巴黎大学文学博士,1928 年到暨南大学文学院任教,兼任图书馆馆长。他几乎花费了半生的心血和财力,编了一部《张凤字典》,该字典采用他自己发明的"面线点"检字法,简便易懂,确实有独到之处。但王云五的"四角号码法"在此前已发表,且有教育部通令推行,有先入为主的优势。张凤自信"四角号码"不如"面线点",自费将《张凤字典》印成中号和小号,意在向全国推广,与此同时,张凤发表多篇文章向王云五挑战。可是,王云五得天时地利,而张凤仅凭一己之力,推行效果并不好。无奈之下,张凤只好从本校做起,晚上夜自修时,他让校工抬着一大箩筐《张凤字典》,到每间宿舍分赠给学生,每人一册,多要多赠。张凤在字典中夹着一张推行广告,语曰:"面线点,照字检","容易学,容易检",等等;最震撼的是最后一句:"张凤可杀,方法不朽。"

蒋廷黻更新清华历史系

蒋廷黻于1929年任清华大学历史系教授兼主任,他对中国传统的历史研究有一个预设:"治史书而非史学。"蒋廷黻上任之后,有意在清华历史系做一番改革,推行新史学。有一次,汉代史教授杨树达与一些师生座谈,蒋廷黻也参加进来;蒋廷黻听了几位发言之后,突然对杨树达说:"杨先生,请你扼要地给我们讲一讲汉代四百年间的重要政治、社会和经济变化过程,可以吗?"大名鼎鼎的杨树达竟面有难色,简要点出了几本古籍,但并未涉及问题本身。

蒋廷黻进一步证实了自己的预设，他明确提出了"历史学和社会科学并重、西方史与中国史并重、综合与考据并重"的办系方针，先后引进多位留学欧美的年轻学者来任教，如雷海宗、张荫麟、王信忠、葛邦福（M. Gapanovtch）等，并鼓励他们按照现代史学方法开展教学和研究。到1935年底蒋廷黻离开清华之时，"注重综合及整体把握"的历史学清华学派，已初具雏形。

梁宗岱好辩成癖

梁宗岱1924年留学欧洲，先后就学于法国、瑞士、德国、意大利，精通多国语言。20世纪30年代起，相继任教于北大、南开、复旦、中山大学，讲授法语、外国文学等课程。梁宗岱自幼养成好争辩的性格，在学术观点上更是爱抬杠，几乎成癖。在法国留学时，某一日傅雷和梁宗岱一起到刘海粟住处，欣赏刘海粟的一幅画作，傅雷说好，赞其有塞尚的风格；梁宗岱说："这画是海粟自己的东西，与塞尚无关，你看走了眼！"偏偏傅雷也是好辩之辈，二人谁也不服谁，越争越激烈，竟然要动手。房东怕出事，竟然报了警，直到警察来了，梁、傅二人才罢休。梁宗岱与人争辩以致动手，至少有两次记录。一次是在北大任教期间，他与同事罗念生教授就新诗节律问题，争得面红耳赤、相持不下，梁宗岱竟然一个虎扑上去，将罗压倒在地，两人扭作一团，直到梁宗岱自己败下阵来；另一次是在复旦，梁宗岱与中文系一位教授争论，唇枪舌剑互不服气，最后也动起手来，两人竟然从教师休息室一直打到院子里，直到双双滚进一个水坑，站起来一看成了泥人，这才放开手哈哈大笑起来。

吴组缃宁可中断学业也不改变观点

吴组缃1929年考入清华大学经济系，次年转学中文系，因成绩优异，1933年直升清华研究院，选修了刘文典的六朝文学课程。学期快结束时，吴组缃在一篇学期论文中恣意挥洒，骂六朝文学是"娼妓文学"，刘文典阅后怒不可遏，判了不及格。吴组缃当时已结婚生子，全家人都靠他的奖学金生活，而按照清华当时的规定，如果有一门课不及格，奖学金就要取消，这也就意味着，他全家的生计也就没有着落了。刘文典当时也只是想教训一下恃才傲物的吴组缃，并不是真想给他一个不及格，所以就托人捎话给吴组缃，说是只要吴组缃稍微修改一下观点，就可以改判为及格。谁知吴组缃坚持己见，不肯改变观点，师生二人的牛脾气都上来了，事情闹得僵持不下。1935年初吴组缃不得不中断了研究院的学业，离开了清华。

陈岱孙在学术上惜墨如金

陈岱孙1922年获威斯康星大学学士学位，1926年获哈佛大学博士学位，回国后任清华大学经济系教授兼系主任，讲授经济学概论、财政学、经济学说史等课程。陈岱孙被称为"讲义派"，他以学术研究的态度和方式备课，每门课的讲义都反复修改、精益求精，留下了大量的文字。他的几部著作，如《经济学说史讲义》《经济学说史》等，实际上都是在讲义的基础上修改出版的。相比较而言，陈岱孙在学术著述上却惜墨如金,只有屈指可数的几篇论文,论著数量似乎与他的学术水平不相称,但陈岱孙对此毫不介意,他晚年在回顾自己一生时很欣慰地说,"我一辈子只做一件事,就是教书。"其实,陈岱孙在20世纪30年代还写过一部很重要的著作,当时,他为了改变经济学课程清一色都用英文原版教材的状况,决定编一部《比较预算制度》的中文教材,他利用假期远赴欧美,用九个月的时间搜集原始资料并译成中文,回国后又结合中国经济社会的实际资料,在研究的基础上写出了初稿。就在大功即将告成之际,抗战全面爆发,陈岱孙随校南迁,而《比较预算制度》手稿却遗失在北平,再也没能找回。

陈垣主张文章精练且不加注

陈垣长期在辅仁大学任教,对学生的文风始终严格要求,最在意字句的精简和逻辑的严密。对于文字的精练,陈垣说过,可以容忍读着不太顺口,但绝不容忍多加一个字。他的训练方法,就是以刘知己"删去没用的字,而语义毫无改变和损伤"为原则,让学生将刘知己的《点烦》篇试着删除多余的字,然后再与刘知己的删除相对比。针对学生喜欢在文章中随意加注以示渊博的倾向,陈垣也严加限制,他认为,正文原来就是说明问题的,为什么不在正文中把问题说清楚而要以脚注、文末注或括号等形式另加说明呢?既然有正文,另外还要再加注,只能说明正文没有写清楚、没有能力写清楚。陈垣要求学生,除了极特殊的情况,应尽量在正文中把问题论述清楚而最大限度地不加注。陈垣自己的著作,除《元典章校补》和《元秘史译音用字考》两部因版本问题有一二小注外,其他著作全都在正文中下工夫而不另加注,甚至连括号也很少用。

北大中国通史课从"不通"到"通"

20世纪30年代初,教育部规定中国通史为大学必修课。北京大学鉴于本校历史系人才济济,各个断代史都有名教授,因此采取了一个最省力的办法,断代史教授分工各讲一代。如此上了一段时期之后,专授秦汉史的钱穆对此办法颇有微词,他在课上对学生说:"我们的通史一课实大不通。我今天在此讲,不知前一堂何人在此讲些什么,又不知下一堂何人来此讲些什么。不论所讲谁是谁非,但彼此实无一条线贯通而下。诸位听此一年课,将感到头绪纷繁,摸不着要领。故通史一课,实在是增加诸位之不通,除此之外就恐怕无所得。"钱穆将这个意见反映到校方,被采纳,从1933年起,北大中国通史课改由钱穆一人授课,钱穆说,通史课真正"通"矣。

交通大学流行三分之一不及格

交通大学长期流行"三分之一不及格",虽非明文规定,但热衷此道的教师确实大有人在。一个班级的学生,不论学生考试成绩如何,教师总是判给三分之一学生不及格分数,出题也以难题、偏题考倒学生为乐事。交大学生再利害,但要考出80分、90分,实在不易,学生能考60分及格,就会兴高采烈地说"我赢了,他输了"。意思是说没有被考倒,是老师"输"了。交大流行低分,在20世纪30年代初期曾引起一次小小风波。当时安徽省政府出台一项新规：凡平均得 80 分以上的皖籍在校大学生，可按学期由省府发给奖学金。交大皖籍学生闻之，深感不平，公推代表去安徽教育厅请愿，力陈交大流行低分，与其他高校分数不可比。教育厅官员们听了学生代表的陈述，甚觉有理，经协商后特准：交大皖籍学生凡平均分数达到 65 分以上者，可获省府奖学金。

胡适赠给哲学系学生的"防身工具"

1930 年冬，胡适到北平任中华教育文化基金会编译委员会主任委员，同时在北大兼课。1930 年底，胡适在哲学系同学为他举行的欢迎会上发表讲话："无论研究什么学问，非自己来研究不可，只在堂上听听是研究不好的；尤其是哲学，非在堂下彼此互相讨论，闭门研究不可。"胡适认为："过去的北大，所以能占领导地位者，就是因为不专研究过去历史上的死问题，已经解决的问题；而是注重活的问题，当代社会、人生、政治……所未解决的问题，来研究它,来解决它!"因此"望诸位同学,仍要照着这个方向去努力"。1931年5月在哲学系毕业典礼上,胡适给毕业生临别赠言:"我常常想,这许多哲学学生,毕业之后,应该做些什么事?能够做些什么事?"胡适借用禅宗和尚"达摩东来,只是要寻一个不受人惑的人"一语说,"哲学教授的目的也只是要造出几个不受人惑的人"。他寄语毕业生:"你们能够做个不受人惑的人吗?如果你们不敢十分自信,我这里有一件小小法宝,送给你们带去做一件防身工具。"这件小法宝只是四个字:"拿证据来!"

钱学森主动认错扣分

上海交通大学机械系三年级学生钱学森1933年选修了金悫教授的水力学课程,6月23日期末考试。按照当时交大的规定,考试过后,任课老师应在学生做过的每道题上打"√"或"×",然后将试卷发给学生,让学生核验;待学生核验后,老师再算出分数。钱学森从金悫老师手里接过试卷,见全部答题后面都是"√",心想这次考试拿一百分稳了。可钱学森在验算一道题目时，发现自己将推导的一个式子中的"Ns"写成了"N"。钱学森当堂告诉金悫教授，说自己的试卷上有一个错误老师没发现。金悫看过，果真如此，于是扣了钱学森4分。金悫有感于钱学森的诚实笃信，将这份试卷保存了下来。1980年，名满天下的钱学森回到母校，金悫拿出了这份珍藏了47年的试卷，在场的众人无不感慨万千。

胡适棒喝罗尔纲

罗尔纲在中国公学时选修过胡适的中国文化史课，后成为胡适的入室弟子，长期得胡适亲炙。1935年罗尔纲举家迁北平，他想多写稿多赚稿酬以维持生计，他写得快，投得急，疏漏势所难免。胡适在学术上对罗尔纲的要求一直很严格，如今看到罗尔纲发表了一些很不严密的历史文论，尤其是《清代士大夫好利风气的由来》一篇，非常生气，立即写信给罗尔纲当头棒喝："这种文章是做不得的。这个题目根本就不能成立……我们做新式史学的人，切不可这样胡乱作概括论断。"信中还告诫罗："你常作文字，固是好训练，但文字不可轻作，太轻易了就流为'滑'，留为'苟且'……治史者可以作大胆的假设，然而决不可作无证据的概论也。"胡适的严厉批评，使罗尔纲震惊，他花了整整四个晚上给胡适回了一封长信，感谢胡适对自己的"督责"和"爱护"。胡适与罗尔纲亦师亦友的学术关系，一直持续到胡适离开大陆。

刘文典的"观世音菩萨"五字诀

刘文典曾在安徽大学、清华大学、西南联大、云南大学等校任教，他是《庄子》研究权威，文章也是一绝。在西南联大时，有学生问刘文典"怎样才能把文章写好"，刘文典回答说，只要有五个字就差不离了，这五个字就是"观世音菩萨"。按照刘文典的解释："观"者，就是观察思考，在生活中观察思考，对生活观察思考；"世"者，就是人情世故，要明白社会上的人情世故；"观"和"世"所要解决的，乃文章的素材；"音"者，就是文章要讲究音韵、音律，实际上就是文章的表达技巧和表达形式；

"菩萨"二字,则是写作的目的,首先要有悲天悯人、救苦救难的菩萨心肠,才能写出感人至深的好文章。这五个字,是刘文典的写作要诀,也是他的讲课要诀。刘文典在课堂上常常语出惊人,靠的也是这五个字。同事吴宓经常到刘文典的课上旁听,刘文典每讲到得意之处,常常会瞄一眼坐在最后一排的吴宓并问道:"雨僧兄以为如何?"

金岳霖释"可靠的思想"

殷海光1938年考入西南联大,跟随金岳霖攻读逻辑学。当时,金岳霖有两个得意弟子,一是殷海光,得金岳霖的逻辑学真传,另一同学则信服黑格尔。期末,两位同学各交上一篇读书报告,金岳霖给殷海光打的分数稍低于那位同学,殷海光心有不甘,跑去问金师"这分数是怎么打的"。金岳霖对殷海光说:"你的思路虽和我相同,但你下的功夫没有他深。"一句话说得殷海光心悦诚服。其实,金岳霖对殷海光的赏识无人可及的,他俩每天黄昏边散步边讨论问题,是西南联大一景。那时节,各种主义层出不穷，各党各派的宣传也"闹得很响"，某天黄昏两人散步时，殷海光问道"究竟哪一派才是真理"，金岳霖答曰："凡是所谓'时代精神'，掀起一个时代的人的兴奋的，都未必可靠，也未必能持久。"殷海光再问"什么才是比较持久而可靠的思想"，金岳霖曰："经过自己长久努力思考出来的东西……比如说，休谟、康德、罗素等人的思想。"

叶圣陶鼓励学生心有旁骛

1938年秋，叶圣陶受聘于迁至乐山的武汉大学，教大一、大二国文。叶圣陶虽然"将多年的国文教学经验一概贡献出来"，但他对当时中国大学的状况很不满意，屡有尖锐批评言论，如："大学殆是一骗局，师生互骗，学校与社会互骗。大学之最有意义者二事：一为赡养许多教师；二为发出许多文凭。教师得赡养，可以不饿死；文凭在手，可以填履历。如是而已。"当时叶圣陶月薪三百多元，他在给朋友的信中说："大学教师任课如此之少，而薪酬高出一般水准，实同劫掠。于往出纳科取钱时，弟颇有愧意，自思我何劳而受此也！"他对武大中文系当时的复古倾向以及"整肃"的学风也颇反感，意欲要打破这"恬静的风习"，因此他在课堂上大谈抗战时局，布置的每一篇诗文也都与抗战有关，他鼓励学生"心有旁骛"，希望学生不要为了文凭而闭门读书，不能忘记祖国大地正在进行着的"惊天动地之血战"。

周培源因战时需要改变研究方向

西南联大时期，物理系周培源教授住在昆明城西南，距位于昆明西北的学校将近40里路，他养了一匹马作为交通工具，每天先送两个女儿上学，然后骑马到校上课、做研究，被称作"周大将军"。在西南联大，周培源放下了研究多年的相对论，调转方向研究湍流理论，因为湍流理论在航空、舰艇等方面具有潜在的应用价值，更能适应战时的需要。湍流理论被称为"经典物理学最后的疑团"，难度一点也不亚于相对论。周培源每天骑马（后来改骑自行车）到校之后，就把自己关在一间小阁楼里钻研，整整两年时间终于取得第一个成果，于1940年在

《物理学报》发表了他的第一篇湍流理论论文。初战告捷,周培源更坚定了信心,同时在他身边也聚集了多位有志于流体力学的学生,如林家翘、胡宁、郭永怀等。周培源常常对学生说:"一个人只要选定科研和教学的主攻方向,像锥子一样几十年紧紧锥住它,就是钢板也会锥出个孔来。只要有这样的精神和毅力,一定能做出事情来。"

傅斯年不许学生三十岁前发表文章

傅斯年曾任教于北京大学、中山大学、中央研究院史语所,他一直主张文科要厚积薄发,要求门人在三十岁之前不得发表文章。王叔岷1941年秋从四川大学中文系毕业,随即考取北大文科研究所研究生,当时北大文科研究所所长由中研院史语所所长傅斯年兼任。王叔岷被录取后,兴高采烈去拜见傅斯年,傅斯年按惯例询问王叔岷的研究方向,王叔岷说想研究《庄子》,傅斯年随口诵了几句"昔日庄周梦为蝴蝶",看上去很怡然自得,突然傅斯年停止背诵,沉下脸来对王叔岷说:做研究生"要把才子气洗干净"，随之告诫王叔岷："三年内不许发表文章！"王叔岷听罢感觉不太自在，但师训难违，只得按照老师的要求从校勘训诂着手下工夫研读《庄子》，后来终成研究《庄子》的名家。

吴有训评阅考卷一丝不苟

吴有训在大学里长期讲授一年级的普通物理课，抗战胜利后出任中央大学校长，依然坚持教这门课。多年以后，有学者发现了吴有训当年在中央大学教普通物理课亲笔填写的一组成绩单，包括学期考试成绩单、补考成绩单、学生成绩呈报函等。从这些六十多年前的成绩单可以看出，吴有训批改考卷严格认真的程度。1946 至 1947 学年度物理系的普通物理课，30 个学生，成绩单记载：95 分 1 人，80 分以上 2 人，70 至 79 分 5 人，60 至 69 分 9 人，36 至 58 分 12 人，超过三分之一的学生不及格。不及格学生中 8 人暑假过后补考，70 分数段 3 人，60 分数段 4 人，仍有 1 人不及格（仅 24 分）。最能反映吴有训认真负责的是，9 月 29 日，他动身赴墨西哥出席联合国教科文组织会议，出门上车前一刻，他为补考学生童清华，亲笔专函（而不是用电话通知）致学校注册组："童清华普通物理68分，系一年平均成绩。"并端端正正署上自己的姓名和年月日。

熊十力和冯文炳君子动口又动手

1948年，熊十力和冯文炳同在北京大学任教，都住在沙滩北大松公府的后院，两家门对门，过从甚密。不过，熊十力和冯文炳的学术主张却分歧很大，熊十力著有《新唯识论》，批评佛教，而冯文炳却笃信佛教，两人常常为此辩论，互不相让。久而久之，他们二人的辩论基本程序化：先是心平气和，后则慷慨激昂，声音也是从低到高，最后简直就是大吵大闹，前院邻居都能听得清清楚楚。那一年的某个夏日，两人身穿单衣单裤，在院子里又激辩起来，程序一如既往，只是到了大吵大闹阶段，一阵咆哮过后，争吵声戛然而止，一片寂静，前院邻居感到反常，急忙跑到后院，一看才知道，熊、冯二人已经扭作一团，互相掐住对方的脖子，谁都说不出话来。

多年后,北大汤一介教授提及此事,动情地说:这真是"此时无声胜有声",只有"真人""真性情"的人,才会为学问做出这种有童心的真事来。

金岳霖"赞扬"艾思奇"符合形式逻辑"

20世纪50年代初,知识分子思想改造运动在高等院校如火如荼地进行,艾思奇三进清华园做辅导报告,指导清华大学师生学习马克思主义政治、哲学理论。在辅导报告中,艾思奇不太恰当地将辩证逻辑与形式逻辑对立起来,表现出扬辩证逻辑而抑形式逻辑的偏向。报告会由时任清华大学校务委员会委员兼文学院院长的金岳霖主持,金岳霖是逻辑学家,非常不同意艾思奇的这种说法,认为这是对形式逻辑的极大偏见。金岳霖按部就班地主持了前两次报告会,第三次报告会结束时,金岳霖致结束词,他实在想发表一点不同的意见,但在那个时期、那个场合又不便说得太明白,因此,金岳霖礼节性地感谢艾思奇辅导报告,最后加了一句:"艾思奇同志的辅导讲话很好,好就好在他的每一句话都符合形式逻辑。"

张景中收到的"读者来信"

张景中1954年考入北京大学数学力学系,一年级时,张景中在一部解析几何教科书中看到一个没有全部解的函数方程,经过一番钻研,他找到了一个确定全部解的方法。张景中将这个结果写成论文投给《数学进展》杂志。未久,论文发表出来,就在张景中还沉浸在论文发表的兴奋之中时,他收到杂志编辑部的一封信,信中附了一位"读者"对这篇论文的质疑:"关于这个解,前人已经做了哪些工作?……研究者在发表自己的成果前,应当了解别人已经作了什么,才是负责任的态度。"张景中赶紧去查文献,沮丧地发现,自己费了九牛二虎之力得出的这个解,早在1920年就由德国数学家哈默尔同样做过了。后来张景中得知,这位"读者"竟是著名的华罗庚教授。华罗庚在杂志上看到张的论文后,以"读者"的名义让编辑部转给作者这封信。张景中终身铭记华罗庚的这一教导,直到他当上院士后,还常常用这件事提醒自己的学生。

风范篇

颜永京拒当帝师

颜永京于1854年被圣公会送往美国留学,毕业于俄亥俄州肯阳学院,1862年回国后任翻译、牧师,并从事学术译著。1878年,颜永京在上海协助施约瑟主教创办圣约翰书院,三年后施约瑟中风,颜永京实际主持圣约翰书院的院务,并讲授心理学、自然科学课程。光绪皇帝即位后,受新潮流的影响,想学英语,需要找一位合适的英语教师,廷臣向光绪推荐了颜永京。光绪了解了颜永京的履历后,很满意,欲召其进京。颜永京起初颇为动心,有意北上,但很快就改变主意,婉拒了这份美差。亲友们对他的举动都表示不解,因为在当时能够当帝师仍是一件无尚荣耀的事情,而违逆圣意又被看作是大逆不道的罪过。颜永京毕竟接受过西式民主的熏陶,何况又住在上海的租界之内,因此打定主意不再改变,他对亲友解释说:"我教皇上英语,他是我的学生,但他同时又是皇帝,我需要向他双腿下跪磕头。这个老师当得没尊严,我不能干。"

大同大学教职员在创校初期不领薪金

胡敦复早年留学美国康奈尔大学,回国后曾任清华学校、复旦公学教授兼教务长。1912 年,胡敦复与一批志同道合的朋友筹资创办上海大同大学,这是一所私立大学,也是一所典型的同仁大学。学校开办初期,为勤俭办校、保证质量,大同大学全体教职工约定,一律不取薪金报酬,在学校义务教课、义务办事。不仅如此,他们还约定,所有人自愿将自己在校外工作和服务所得薪酬的百分之二十,捐给大同大学以补贴学校办学开支。短短数年间,校长胡敦复的捐资就超过万元。最感人的是,数学教授吴在渊在大同任教二十余年,"生活困顿,穷巷陋室,家徒四壁,木箱当桌,食盐代菜,却日则教书,夜则译著,乐此不疲,有重金聘他,亦婉言谢绝"。然而,就是这样一位生活困顿的吴教授,先后为大同捐款约 5500 元。

蔡元培《不愿再任北京大学校长的宣言》

五四运动中，北洋政府弹压学生并归罪于北京大学校长蔡元培，蔡元培决定离职南下以示抗议。1919年6月15日，蔡元培愤然拟就《不愿再任北京大学校长的宣言》。宣言写道：第一，"我绝对不能再作那政府任命的校长，为了北京大学校长是简任职，是半官僚性质，便生出许多官僚的关系，……我是个痛恶官僚的人，能甘心仰这些官僚的鼻息么？"第二，"我绝对不能再作不自由的大学校长，思想自由，是世界大学的通例。……北京大学，向来受旧思想的拘束，是很不自由的。我进去了，想稍微开一点风气……用世界的新思想来比较，用我的理想来批评，还算是半新的。哪知道旧的一方面，看了这点半新的，就算洪水猛兽一样了。世界有这种不自由的大学么？还要我去充这种大学的校长么？"第三，"我绝对不能再到北京的学校任校长：北京是个臭虫窠。无论何等高尚的人物，无论何等高尚的事业，一到北京，便都染了点臭虫的气味。

我已经染了两年有半了,好容易逃到故乡的西湖、鉴湖,把那个臭气味淘洗净了。难道还要我再作逐臭之夫,再去尝尝这气味么?"

毛彦文登报质问陶行知

1920年夏,毛彦文毕业于浙江湖郡女校,是年秋,南京高等师范学校解除女禁,开始招收女生,毛彦文报名应考。几天后,她的报名证件被退回,理由是湖郡女校系教会学校,且未向中国政府立案,因此毕业生没有资格报考国立高校。毛彦文无奈,抱着试试的心理又报考了北京女子高等师范学校,结果以浙江省第一名被录取。同样都是国立高校,两种境遇,巨大的反差,毛彦文愤愤不平地写了一封公开信登在上海《时事新报》上,质问南京高师教务长陶行知:"同为国立学校,为何有如此不同之标准?"此信登出,引起社会热议,大多对毛彦文表以同情。陶行知出于息事宁人考虑,寄了一封私人信件给毛彦文,信曰"限于法令",并非"有意拒绝";信中还表示欢迎毛彦文"一学期后转学到南高师"。毛彦文以"被拒绝在前"为由，拒绝了陶行知的好意。

蔡元培不承认是"男校代表"

燕京大学创办后，兼收男生和女生，但男生和女生是分开的，教学分别在男校和女校进行。1920年3月15日，燕京大学举行男校和女校合并联欢会，北京大学校长蔡元培受邀到会，并作为到会的北京男校代表致辞。蔡元培在致辞中感谢司徒雷登的邀请，并称赞燕京大学男女合校的盛举，然后话锋一转说道："但是，会议秩序册上派我作为北京男校的代表，我却不能承认。因为几个与我有关系的学校都不是专收男生的。"蔡元培举了自己曾挂过名的法文专修馆、孔德学校都兼招男女生，并特别强调："我所专任的国立北京大学，现在也有女生九人。"北京大学在一个月前，也就是2月中旬，招收了王兰等九名女生入学，实行男女同校，所以蔡元培不承认自己是"男校代表"。

张彭春为名剧《国民公敌》改名

1926年，张彭春从清华到南开大学任教，讲授西洋哲学、西洋戏剧等课程，在教学之余，他热心于南开新剧团的戏剧活动并为此付出很大心力。1927年张彭春指导剧团开排挪威著名剧作家易卜生的《国民公敌》，该剧讲的是一位正直的医生揭露浴场含有传染病菌因而受到浴场主、政府官吏以及媒体迫害的故事。该剧开排后不久，南开校方就接到直隶督办、奉系军阀褚玉璞发来的命令，责令剧团立即禁排此剧。褚玉璞一口咬定，说南开有个姓"易"的人写了这个叫做《国民公敌》的戏，是攻击他褚某人的。南开师生闻此，感到既可恨又好笑，但也无计可施。张彭春不甘就此罢休，他灵机一动，将此剧剧名改为《刚愎的医生》，继续排练并于次年正式上演。事后张彭春笑言："此剧改名未经作者同意。"

钱基博拒聘高官推荐的支伟成

钱基博曾在东南大学国文系任教,一度兼任系主任。1927年某日,文学院院长梅光迪带来一位姓支的先生,说这位是"蒋总司令推荐来的",并且还拿出了蒋介石写给东南大学校长的亲笔推荐信。钱基博对支先生有所了解,对梅光迪说:"总司令给校长的信,我不敢看!不过,总司令可以委任军长师长,而没资格聘用哪怕是一个小学教员,因为不在他职权之内。教授需要哪种人哪种知识,做总司令的人不会了解。"支先生自己又亮出了段祺瑞、孙传芳等要人的介绍信,钱基博仍不为所动。支先生粗声粗气地问道:"你说,国文系到底能否聘我为教授?"钱基博回曰:"如果先生符合条件,即使没有总司令的信也能聘任;如果不符合条件,有总司令的信也难以从命。"这位亦官亦学的支伟成,就这样被钱基博挡在了东南大学的门外。

刘文典顶撞蒋介石

1928年,刘文典任安徽大学文法学院院长,并代理校长。其间,安大学生因看戏与附属女中校长发生冲突,进而引发学潮。当时恰逢蒋介石路过安庆,听闻学潮一事,召刘文典训话。刘文典入室,不脱帽子便坐下,坐下之后还打开烟盒抽出一支烟,用火柴点燃猛抽起来。蒋介石本来就心中不快,见状更是怒火中烧,厉声训斥刘:你为人师表,身为国立大学校长,如此无礼!刘文典不吭声,仍自顾自抽烟。随即,蒋介石要刘文典交出共产党学生名单,严惩带头闹事的学生。刘文典粗声粗气地回曰:"我不知道谁是共产党。你是总司令,就应该带好你的兵;我是校长,学校的事由我来管。"蒋介石恼羞成怒,给他定了个"治校不严"的罪名,命人将刘文典关押起来,并宣布要解散安徽大学。消息传出,安庆各校师生群情激奋,举行大规模游行示威。后经陈立夫调停,蔡元培等名流担保,蒋介石以"即日离皖"为条件,将关了七天的刘文典放了出来。

赵元任两拒校长职

1922年,东南大学发生"校长风潮",校内两派势力都推出本方的校长人选,互不相让,闹得不可开交。其时恰逢赵元任自欧洲返国,他刚抵上海,东南大学两派势力闻讯,都表示如果请赵元任担任校长,他们都可以接受。校董会派杨杏佛、胡刚复二人火速到沪,追着赵元任游说,可赵元任就是不答应。赵元任见他们两位死缠硬打,摆开了不答应不罢休的架势,不敢在上海多留,连夜北上躲到北京去了。1947年夏,赵元任在美国连续接到教育部部长朱家骅的五封电报,要他回国担任中央大学校长,赵元任同样坚拒。朱家骅不死心,又发电报给赵元任夫人杨步伟,要她给丈夫吹吹枕边风,谁知杨步伟回电说:"我从不要元任做行政事。"为了躲开国内的盛情,赵、杨夫妇二人索性在美定居了。

叶企孙让贤吴有训

清华大学1926年成立物理系，叶企孙任系主任，后任理学院院长兼系主任。物理系前三届学生总共才7人，叶企孙一个人教三个年级所有的专业课程。到1937年抗战全面爆发前，叶企孙为理学院请来了熊庆来、吴有训、萨本栋、张子高、周培源、赵忠尧等名师。留美归来的吴有训于1928年到清华物理系任教授，30岁刚刚出头，叶企孙知人善任，把吴有训的工资定得比自己这个系主任还高，后来还推荐吴有训担任物理系主任、理学院院长。叶企孙心中有学生，教学一丝不苟，高徒遍布中国物理学界，但他在学生毕业时经常谦虚地对学生说："我上课上得不好，对不住你们……但有一点对得住你们的就是，我请来教你们的先生个个都比我强。"

山东二师上演《子见南子》惹风波

1929年6月，山东省立第二师范学校师生在游艺会上演出了林语堂创作的独幕悲喜剧《子见南子》，表现了一个有七情六欲、活脱脱的"世故先生和老练官僚"。此剧在孔子的故乡曲阜上演，招致孔门后裔强烈不满，竟有六十多人联名上书教育部，控告二师校长宋还吾，称《子见南子》"侮辱祖宗"，请求查办。教育部部长蒋梦麟不以为意，未予过问。谁知没几天，工商部部长孔祥熙给蒋梦麟去电，要求"严办"，蒋梦麟迫不得已，只好差调查员到曲阜去调查。宋还吾据理力争，写了答辩书为此剧辩护；二师学生会也发出通电，回击孔氏族人的控告。教育部调查员的结论也支持二师师生，认为此剧并无侮辱孔子的情节。然而在8月中，孔祥熙陪同蒋介石路过济南，再提此事，坚持要"严办"。主管部门迫于压力，只好将宋还吾校长调任别处，算是过了关。

胡适因言获罪辞中国公学校长

1929年春,中国公学校长胡适忙里偷闲,先后发表《人权与约法》《知难,行亦不易》《我们什么时候才可有宪法》等时论,抨击当局的训政体制,主张实行"宪政",保障人权、民主、自由。胡适的文章引来铺天盖地的讨伐,批胡浪潮一浪高过一浪。国民党上海市党部发文"中国公学校长胡适,公然侮辱本党总理,并诋毁本党主义,背叛政府,煽惑民众";国府饬令教育部:"胡适身为大学校长,不但误解党义,且逾越学术研究范围,任意攻击,其影响所及,既失大学校长尊严,并易使社会缺乏定见之人民,对党政生不良印象,自不能不加以纠正,以昭警示。"教育部奉命行事,发布"训令"给中国公学:"查胡适近年以来刊发言论,每多悖谬……为政府计,为学校计,胡适殊不能使之再掌中国公学。"校长胡适接到教育部的"训令",看过后一笑了之,还改正了"训令"上的两个别字(误将中国公学当成"国立"),原件退还,并附给教育部部长蒋梦麟一信："这件事完全是我胡适个人的事，我做了三篇文字，用的是我自己的姓名，与中国公学何干？"然而，当时中国公学正在申请立案，事情明摆着，胡适不受到惩处，学校立案无望。胡适本来就不想当这个校长，屡辞未果，现在机会终于来了，他再次向校董事会提出辞呈，终于在1930年5月辞去了中公校长。

李登辉拒绝朱家骅当校董

李登辉担任复旦大学校长期间，民国要员朱家骅多次表示可以当复旦大学校董会主席，可李登辉就是不给他这个面子。李登辉多次对人讲："朱家骅是地质学博士，为什么不好好做研究，在祖国建设上力谋发展，却喜欢做大官，争权夺利，还想来抓复旦校董会？……我们辛苦经营了三十年的学校，决不欢迎他这种人插手。"结果朱家骅不仅当不了董事会主席，连校董也没当上。李登辉对朱家骅的不屑，一直延续到晚年。1947年春，一位叫朱仲华的复旦校友登门拜访老校长，这一年李登辉已经75岁，早已退休在家，听觉也不太好，听佣人通报后，他误以为是"朱家骅"，忙叫佣人回报"有病不见"，还喃喃地说他来干什么，等佣人说明来人是"朱仲华"而不是"朱家骅"之后，李登辉才知道自己听错了，赶紧下楼见客。

清华师生阻止乔万选进校

1930年中原大战，阎锡山率部占领北平，擅自任命留学美国哥伦比亚大学的法学家乔万选任清华大学校长。6月25日，乔万选在数车士兵护送下，到清华上任。清华师生为表明反对军阀政客干预大学的决绝态度，由学生纠察队在学校门口站岗，高呼"打倒""拒绝"等口号，阻止乔万选一行进校。僵持一段时间后，学生纠察队竟然将乔万选拘入同方堂，迫其签下"以后永不来清华"字据。当晚，清华校务委员会致电阎锡山，申明："一、本日乔来校接任为学生劝阻，于学生纯出于爱校热忱，其心无他。二、校务已由校务委员会维持，学生学业照常，不受影响。三、经费来源稳定，基金已巩固，现有计划均能正常进行。清华并非行政机关，若以非常手段处理，则校务及经费，并生困难。"两天后，清华教授会也发布宣言，支持校务委员会申明。阎锡山还比较识相，未采取非常手段，后来也未向清华再派出校长。

胡适谢绝北京大学兼课薪酬

胡适辞去中国公学校长一职后，即去北平，专任中华教育文化基金会编译委员会主任委员。10月10日北京大学送来聘书，聘胡适为兼职教授，并言明按当时北大教授薪俸的半数支付兼职薪酬。胡适接受了聘书，但坚决不要薪酬。1931年2月7日，胡适致信北大校长蒋梦麟："上学期百年先生与真如先生要我担任北大的中国中古思想史，我允于这学期讲两点钟。当时我曾说明，这两点钟我不愿受薪俸：一来是因为我在文化基金会是专任，不应另受薪俸；二来是北大为两点钟而送我教授半俸，殊属浪费，此例殊不可开，即有此例，我也不愿受。所以我很诚恳的请求先生许我不受薪俸。"胡适强调：

"倘不蒙允许，我宁可不教书了。"蒋梦麟深知这位老友的德行，答应了胡适的请求，并公开致信胡适代表北大表示感谢。从1931年2月中旬起，胡适开始义务给北大授课，这一义务授课，前后达三年之久。

张继监誓失言激怒清华师生

1931年4月，在清华大学经历校长风波之后，国府任命吴南轩任校长，为了给吴南轩的就职典礼助威，当局特派党国元老、国民党中央委员张继监誓。典礼开始，张继致辞，他很不客气地说："清华在时间上已经二十多年了，却没有培养出什么人才，试看我们的中央委员中，各部部长中，有哪一个是从清华毕业出来的？……在座各位，如有勇气的，请起来与兄弟讨论一番。"张继的话音刚落，清华学生会主席张人杰挺身而出，当场对张继提出三点质问："此次就职典礼，本校时间定在十时，为何张委员你十时四十五分才到？第二，张委员所言人才，不知是按什么标准？如果按学识、专长和成就来说，清华的毕业生中，可谓人才济济，如果人才是指党棍和政客官僚，清华却一个也没有，或许就是这一点招致张委员的轻视吧。第三，张委员也是人，为什么与你说话，还需要勇气，难道张委员有什么特殊的地方？"在张人杰咄咄逼人的质问下，张继不得不换了副面孔，道歉说自己"失言"了。

清华师生发声驱赶吴南轩

吴南轩于1931年4月任清华大学校长，着力改革清华校务，但由于用力过猛，且固执己见，上任短短一个多月，就遭到师生反对。清华教授会于5月28日开会，决定呈文教育部要求罢免吴南轩，文曰："至吴南轩校长到校以来，惟务大权独揽，不图发展学术。加以蔑视教授人格，视教授如雇员，同人等忍无可忍，为学校前途计，应并请教育部另简贤能，来掌清华，以副国府尊重教育之至意。"次日，清华学生会发表"驱逐吴南轩宣言"，称"吴氏来校以还，为时不过二月，一切措施恶劣万端"，并罗列了陈吴南轩的"七大罪状"："才力不足"，"任用私人"，"推翻教授会推举院长人选"，"妄改校章"，"蔑视教授"，"不维信用"，"阻挠发展"。《宣言》要求"请教育部撤换吴南轩，并请吴氏即时离校。本案以三百一十三票对零，通过。亦可见全体同学对于吴氏之意见若何矣！"在一片反对声中，吴南轩于5月底离校，6月初宣布辞职。

胡敦复严令儿子读大同

胡敦复是上海大同大学的主要创办人，长期担任校长、教授，为办好这所同人大学，他鞠躬尽瘁，事必躬亲。1931年夏，其长子胡新南从大同大学附中毕业，胡新南成绩优异，一心想考清华，某日，胡新南向继母要钱，交报考大学的报名费，这时恰好胡敦复走过来，问妻子他要钱干什么。妻告，儿子要报考清华。胡敦复一听，就嘱咐妻子："不要给他这钱！"随即责问胡新南："我自己办的大学你不读，还能有谁还去读？"儿子拗不过父亲，只好报考了大同大学。当时，胡敦复在大同是公认的"全能教授"，所授课程涵盖了数学、物理、国文、英文、哲学、拉丁文，甚至声韵学。为了回避父亲的严格管教，胡新南判断化学系应该没有父亲的课，于是就进了化学系。谁知，开学后他发现，最终还是没能避开父亲，因为有一门逻辑学课，所有一年级新生都必修，而教这门课的正是胡敦复。

马君武自定校长薪酬低于教授

1931年马君武任广西大学校长，到任后他将自己的工资定为月薪200元，是所有教授中最低的。他的儿子也在本校任教，他把儿子的月薪定为120元，也低于同样资历其他教员的160元。儿子在家里对父亲发牢骚，马君武解释说："广西罗致人才不易，应优惠外省人才。"1934年马君武访欧，在德国订购了一批教学仪器，代理人暗中给他一笔回扣，马君武严词拒绝，他要求商家将这笔回扣纳入货款，多买了几件仪器。当时，广西当局正在推行"三自三寓"运动，马君武公开表示反对，说"不切广西实际"。不久，广西当局施加报复，对广西大学学生组织了一次突击考试，想找到马君武治校无方的借口，谁知学生的考试成绩很不错。当局见软的不行，索性来硬的，强力改组广西大学，由省府主席白崇禧兼任校长，马君武迫不得已于 1936 年离开了广西大学。

梅贻琦掌管清华基金不苟分文

清华系用美国退赔的庚款所建，经费比之国内其他大学充裕很多，但梅贻琦 1931 年就任清华大学校长后，精打细算，撙节用度，并且从自己做起。他一住进校长宅邸，就主动放弃了多项特权，自己付佣人的工钱和电话费，停止了学校每月提供的两吨煤。西南联大期间，他和其他教授一样住在简陋的民房里，上班常常以步代车；为补贴家用，他的夫人摆摊卖过自制的点心，当过衣帽厂的工人；儿子的眼镜丢了，一时竟拿不出钱来配一副新的。清华大学的档案馆里，如今仍保留着梅贻琦当年在废纸背面起草的报告提纲和公函。1962 年梅贻琦临终前，有一个上锁的手提皮包一直放在他的病榻边上，谁也不知道里面是什么东西，也不敢问他。直到梅贻琦去世后，由校方组织专人打开皮包，才发现竟然全是他掌管的清华基金账目，无论是大宗还是小项，一笔一笔，清清楚楚。清华校友动情地说：梅校长"长母校几十年，虽然清华基金雄厚，竟不苟分文，在贪污成风的社会里，竟能高洁清廉到这样的地步，真是圣人的行为。只此一点，已足可为万世师表"。

白鹏飞主持演讲会阻止褚民谊耍威风

1934年某日下午，行政院秘书长、国民党中委褚民谊到北平大学法商学院演讲，由院长白鹏飞主持。法商学院大礼堂挤满了二三千听众，褚民谊见状颇为自得，讲着讲着就信口开河起来，一会儿赞扬某某大学人才出众，一会儿又批某某大学出的人才少。就在这时，听众中有人用脚跺了几下地板，发出了轰轰的声音，声音传到褚民谊的耳朵里，他认为是法学院的学生对他不敬，立马放下脸来，气呼呼地说："法学院的学生，如此举动太野蛮，尤其是学法律的大学生，不久就要做治人的人了，而竟有这样的行为，可见平日的修养太差了。"这话激怒了在场的法学院学生,一个同学当即站起来质问道:"褚先生何以知道那种举动就是法学院的学生干的?请指出来,以便院长从重发落。不过我个人深信,法学院绝不会有这样的败类。褚先生要知道今天的演讲是公开的,本院的同学不过占八九分之一的人数。"褚民谊见有学生竟当面顶撞他,恼羞成怒,正要发作,主持人白鹏飞站起来对众人说道:"本来请褚先生来,是为给学生们以学术上的启发和探讨的,并不是要受中委大人的教训的。现在褚先生很使我们失望,那么演讲无需乎再继续下去了。"接着就宣布"散会",这场演讲就这样不欢而散。

潘光旦招生不徇私情

潘光旦曾任清华大学教务长,负责招生事宜。1935年招生时节,安徽省主席刘镇华致信潘光旦,请求潘光旦准许他的两个儿子到清华旁听,潘光旦回信婉拒:"承刘主席看得起,拟送子来校旁听,但清华之被人瞧得上眼,全是因为它按规制办事。如果把这点给破了,清华不是也不值钱了吗?"20世纪

50年代初,潘光旦接到高教部门一函,要他为时任最高人民法院院长沈钧儒孙子到清华旁听疏通。当时潘光旦已不兼任行政职务,尽可一推了之,但潘光旦仍然觉得此事不妥,便致信有关领导:"与沈衡老谈起文孙来清华旁听事;此事衡老徇其孙之请,转托高教会对清华指令办理,于法绝对不妥。""今衡老以人民最高法院院长之地位,作此强人违例之举,不仅对清华不利,对己亦有损令名,而高教会肯以指令行之,亦属太不检点;余旨在劝衡老收回此种请求,渠似不甚领悟,甚矣权位之移人也。"沈钧儒的孙子后来径往潘家商讨此事,潘光旦仍"就此举对各方面之不利剀切言之",苦劝他放弃此图。

萨本栋不拿招生做交易

1937年7月,萨本栋出任厦门大学校长。正值抗战全面爆发,萨本栋率校先迁鼓浪屿、后迁福建长汀山区坚持办学。迁到长汀后不久,当时驻长汀的国军韩军长,亲自登门与萨本栋交涉,想为其公子免试进入厦门大学开后门,萨本栋对韩军长说:

"欢迎贵公子来厦门大学学习，但照例要通过考试。"军长执意免试，被萨本栋坚拒。后来又有一位海军要塞李司令，写信给萨本栋，说是若能让其公子进入厦门大学，他愿意将自己管辖的马尾造船厂的机械设备送给厦门大学办工科。当时厦门大学新办工科，机械设备奇缺，十分急需，校内很多人对李司令开列的设备都很眼红。但是，萨本栋同样拒绝了李司令的非分要求。在教授会议上，萨本栋把李司令的信公之于众，坚称决不能把学校的规章制度拿来做交易。

"哪有老师去见学生的道理"

抗战期间，马寅初任重庆大学商学院教授兼院长，教学之余经常发表言论抨击时弊，矛头直指"四大家族"。一天，蒋介石召见重庆大学校长叶元龙，他对叶元龙说："下星期四你带马寅初到我这里来，我要当面和他谈谈。他是长辈，又是同乡，总要以大局为重。"叶元龙让人向马寅初转达了蒋的意思，马寅初一听，气愤地对来人说："叫校长陪着我去见他，我不去！叫宪兵来陪着我去吧。……从前，我给他讲过课，他是我的学生。学生应当来看老师，哪有老师去看学生的道理？他如果有话说，就叫他来看我！"蒋介石知道后，大为光火。1940年11月10日，马寅初应黄炎培之邀到中华职业教育社演讲，最后马寅初决绝地说："今天，我的儿女也来了，我的讲话，就算是对他们留下的一份遗嘱。为了抗战，多少武人死于前方，文人在后方无所贡献，该说的话就应大胆说出来。蒋委员长要我去见他，他为什么不来见我？在南京我教过他的书，难道学生不能来看老师吗？他不敢来见我，就是因为他害怕我的主张……"马寅初未去见蒋介石，在1944年底被关了禁闭，半年后由于各界的声援才恢复自由。

费巩兼任训导长的两个条件

1940年夏，浙大校长竺可桢要政治系教授费巩担任训导长，初时费巩坚拒，后来经竺可桢再三动员，勉强应允，但他对竺可桢提出了两个条件：一是不加入国民党；二是不领训导长薪俸。竺可桢都答应了。费巩8月12日发表"就职宣言":"出来做事,是为发展抱负,施行政策,是为学生做事,不是为了私利。同时,吾是个自由主义者,不统制干涉,但并非放任不管,想给你们的是领导,而不是压迫。训导长有人称之为警察厅长,但吾出来做,绝不是来做警察厅长或侦探长,吾是拿教授和导师的资格出来的,不过拿导师的职务扩而充之。吾愿意做你们的顾问,做你们的保姆,以全体同学的幸福为己任。……现在既然担任这个职务,最愿意晓得同学的痛苦,希望能够常常与同学接触。训导处从今天起改走前门,不走后门,大门洞开。你们有事尽可以进来谈话。任何人有什么意见,可以当面告知我,或写信给我。吾还要常到宿所去,男女宿所都常常要去,但不是来侦察的,是来访问你们的,想与你们多接触的。"他在训导处发布的各种文告上,始终署名"政治学教授费巩兼摄训导长"。

狂狷不羁胡先骕

胡先骕被称为中国植物学宗师,一向恃才傲物,狂狷不羁。1940年10月底，中正大学开办，胡先骕出任校长。在与学生的见面会上，胡先骕竟然如是说："在国外的知名大学，如牛津、剑桥，学生是很难见到校长的。在校四年，学生见校长的机会一般只有两次，一次是始业典礼，一次是毕业典礼。今天，诸生能够这样轻易地见到我，是你们毕生的荣幸。"胡先骕亲授植物学等课程，新学年给新同学上第一堂课，他这样介绍自己："我是国际国内都有名的科学家，我的名字留在历史上，早已注定了。诸生今天能够坐在这里听我的课，这是你们莫大的荣幸。"本校教授的学术演讲会，胡先骕一般都亲自主持，但点评却毫不留情，让人下不来台。某次，文法学院院长马博厂做演讲，讲完后胡先骕照例致词，胡先骕竟然说："想不到马院长不学无术，一至于此！"至于后来在知识分子思想改造运动中，胡先骕也不得不自我贬损，"我有自高自大的个人英雄主义，一切唯我独尊，有浓厚的宗派主义"，那是后话了。

西南联大"双肩挑"教授辞谢特别办公费

西南联大很多教授都是"双肩挑",既要任课,又兼任一些行政职务,这在当时的大学,是很普遍的现象。1942年10月,教育部发了一个公文,明令给国立大学校级行政领导和部门行政主管发放"特别办公费"。照此规定,大学各级行政主管可以得到一笔附加的经费。时值抗战期间,大学教师生活极为拮据,有了这笔特别办公费,对改善他们的生活将大有用处,教育部发文的用意也在此。然而,西南联大25位"双肩挑"教授在接到通知后,辞谢了这笔特别费。他们在联名给教育部的辞谢信中写道:"盖同人等献身教育,原以研究学术,启迪后进为天职,于教课之余兼负一部分性质责任,亦视为当然之义务,并不希冀任何权利。……当局尊师重道,应一视同仁,统筹维持,倘只顾行政人员,恐失均平之谊,且令受之者无以对其他同事,此未便接受特别办公费者二也。"

雷海宗放弃赴美讲学改善生活

1942年秋,正值抗战最艰苦卓绝的时期,费正清再次来华,任美国驻华大使特别助理。费正清到西南联大访问,发现一些著名教授"精神和肉体均陷入极度困苦之中",深为震惊,决意要为中国的这些知识精英提供帮助。费正清与联大的美国教授温德联名致信洛克菲勒基金会,建议基金会分批资助著名的中国教授赴美讲学,一来让他们到美国去改善一下生活,二来通过他们的讲学加强美国的汉学研究,这个建议立即被洛克菲勒基金会批准。在费正清推荐的名单中,西南联大历史学教授雷海宗也在其中,当基金会的正式邀请函送到面前时,雷海宗却婉拒了这一邀请。梅贻琦校长闻讯,亲自上门动员,雷海宗对梅贻琦说:现在正是学校最困难的时候,我不能离开。雷海宗执意留在联大与其他师生共患难。

李长之不识部长抬举

李长之1938年到重庆,任中央大学中文系讲师,后任副教授。1943年初夏某日,李长之接到教育部通知,部长陈立夫约他一谈。李长之当时资历尚浅,不知部长为啥要找他,思来想去,考虑到自己在课堂和报刊上都曾称赞成仿吾的作品,被认为是"左"倾,因而判断部长约见可能与此事有关。所以李长之在临行前把图章交给朋友,做了不回来的准备。然而,李长之到了陈立夫那里之后,才知道是陈立夫要他到教育部任职,要好好用他这"一支笔";但李长之以"不愿脱离学术环境"为由,婉拒了部长的好意。过了几日,陈立夫的秘书又找上门来,言明"部长想请你写点文章,每月给编辑费三百元",随即将1500元放在桌上,说是"从一月份算起"。李长之坚辞不收,秘书不听他声辩,转身就走。第二天,李长之如数将此款汇给陈立夫,并公开表示:"我从来不代人写文章,也从来不拿不明不白的钱。"

张奚若拒绝参加国民参政会

张奚若是美国哥伦比亚大学政治学硕士，回国后在北京政法大学、中央大学、北京大学、清华大学、武汉大学、四川大学等校任教，改革中国的政治制度既是他的学术专业，也是他的社会理想。抗战时期，任西南联大教授的张奚若当选为国民参政会参政员，按理说这是他实现理想的好机会。然而第一次去参加会议，因政见不合，张奚若在会上当着蒋介石的面，发言批评国民党的专制和蒋介石的独裁，蒋介石面子很下不来，当即打断张奚若发言，生硬地说，"欢迎提意见，但不要太刻薄。"张奚若生性刚烈，一怒之下拂袖而去。下一次参政会，张奚若在收到会议通知和路费后，立即回电报："无政可议，路费退回。"从此再也不去"参政"了。

交大学生开火车去请愿

1947年春，教育部训令交通大学停办航海、轮机两系和一个学院，交大师生对此坚决反对，罢课抗议在5月13日达到高潮。这天一早，两千多交大学生冲破军警的层层阻拦，涌向火车站，爬上了一列没有车头的货车，并在车厢外面贴上了"国立交通大学晋京请愿团专车"的醒目横幅。几位学机车的学生在铁路工人的帮助下，在车库里找到一辆车头，开出来挂上车厢，便开着火车向南京进发。刚开出不远，就停了下来，原来前面好多段铁轨已经被拆除，学土木工程的学生又大显身手，突击修路轨。火车开开停停，到真如时已是深夜。这时，教育部部长朱家骅等一行要员分乘二十多辆汽车迎面驶来，用扩音器向学生喊话，允诺收回成命，不停办交大航海、轮机诸系和学院，还担保不开除任何学生的学籍，并与学生签订了协议书，学生们这才凯旋。

费睿思批改学生造句引发反美运动

1950年11月13日，南京金陵女子文理学院美籍教授费睿思在课上要学生用"position"造句。医预科一年级学生李芸本造的句子是："The war of the America with Korean will be triumph because she is a good position, and she has had a larger people."费睿思批改时，将这一句中的"the America"改为"the United Nations"，并且删去了原句中的"be"，还在句末加上了"have more soldiers"。李芸本是共青团员，政治觉悟较高，及时向组织汇报了这一情况，并于次日致信校学生会执委会："费睿思这种举动、这种思想是代表帝国主义的，在实践新民主主义教育的学校里不容许这种盗用联合国名义实行侵略的思想在中国的学校里散布。"17日，金女院党小组组长曹婉、团支部书记李振坤两位同学向中共南京市委反映了这一情况。在南京市委的部署下，南京各高校于11月下旬开始停课以控诉美籍教师的"侮辱诽谤言行"；12月初，南京市委将"反诽谤、反侮辱"的反美运动推向全市,并受到国家高层领导的肯定,随后,反美运动很快推向全国。

傅斯年的最后一笔"稿费"

1950年12月,台湾大学校长傅斯年突患脑溢血猝逝,到傅家来吊唁的亲朋好友络绎不绝。《大陆》杂志主编董作宾一到傅家,就掏出一个信封递给傅夫人俞大彩说:"这里面是傅先生的一笔稿费,正好给你,拿去补贴家用吧。"就在这时,旁边一个台大的学生挤了过来,对他们二人说:"不是的,傅校长的稿费在我这里。"说着也拿出一叠钱,塞到俞大彩手上。后来才知道,傅斯年生前常常瞒着夫人,将家里的钱拿去接济贫困学生,他怕学生不肯接受,就假说是刚刚得来的稿费,而且大多借好友董作宾《大陆》杂志的名义。董作宾知道傅家的日子过得紧巴巴,因此趁吊唁机会,以稿费的名义想助傅家一臂之力。而那位学生,恰恰在几天前因交不起学费得到傅斯年的资助,当时傅校长口气轻松地对这位学生说:"你别不好意思,这是我刚刚从《大陆》拿的稿费，正不知道该如何花呢！"

华岗与同事自费创办《文史哲》

1951年春的一天夜晚，山东大学校长华岗在家中与副校长陆侃如、历史系主任杨向奎等人闲聊时，聊出了创办一份同人学术刊物的计划，于是便有了《文史哲》在当年的创刊。《文史哲》开办时，只是一份用于内部交流的刊物，没有专职编辑人员，也没有刊号，更没有专门的行政拨款。没有专职编辑，就由文史两系的教师兼任；没有刊号，不能通过邮局或新华书店发行，就由编辑老师们自己邮寄，并通过他们在各大学的朋友代售；没有专门的行政经费，华岗、陆侃如、杨向奎等人便自掏腰包，维持刊物的运作，除了印刷费之外，还给校外作者发给少量稿费；在创刊之初，稿费是每千字旧币三万元（相当于新币3元）。在华岗等人的感召下，所有兼职编辑人员本着对学术的虔诚和奉献，精心办刊，使得《文史哲》很快成为国内外名刊。

傅鹰的"三部曲"

20世纪50年代初,高校里的政治运动过多,占用了过多的业务时间,也影响到教学和科学研究。针对这一现象,北京大学化学系教授傅鹰在《化学通报》1955年第9期发表了《高等学校的化学研究——一个三部曲》一文,标题虽然只限于化学,但文章的内容指向全国大学存在的问题。文章的"第一部曲"是唱给"学校的领导当局"的,论述了"什么是研究""对待研究的态度"和"如何提倡研究",同时指出"不必要的会太多,杂务太多,填表太多,不珍惜研究人员的时间"。"第二部曲"是唱给高校教师的,提醒教师要防止"脱离现实""大师思想""不合作""本末倒置",坚守专业理想。"第三部曲"是唱给学生的,文章要求大学生要按教育规律学习和生活。在当时的政治氛围中,傅鹰的这"三部曲"显然比较刺耳,1957年傅鹰被定性为"中右",与这"三部曲"不无关系。

马寅初"不在乎洗热水澡"

1957年7月15日,北京大学校长马寅初在《人民日报》发表《新人口论》,主张"控制人口,节制生育"。从1958年开始,在高层领导的发动下,全国学术界开展了批判"新人口论"的运动;此后,北大多次召开批斗会,对马寅初进行面对面的批判,声称给马寅初"洗热水澡",让他改造思想。面对铺天盖地的批判,马寅初拒不检讨,每天仍笑眯眯地出现在校园里。一次,北大照例开大会批判马寅初,会议开始了许久,马寅初还没到,于是派人去"请",马寅初被"请"到会场后,他径自搬一张椅子坐在主席台前,神态自若。这时台下开始喊口号,"马寅初不投降,就叫他灭亡!"口号过后,主持人勒令马寅初检讨,谁知他一开口竟说:"我这个人每天洗冷水澡,不管多冷的天都不怕。现在天气并不冷,给我洗热水澡,我就更不在乎了。"1960年1月,马寅初被迫辞去北大校长,搬出了燕南园,但他留下了一句名言:"我虽年近八十,明知寡不敌众，自当单枪匹马出来迎战，直到战死为止。"

陈寅恪对周扬诉学生编教材之弊

20世纪50年代后期在"教育革命"运动中，出现了学生编教材、学生上台讲课的乱象，打乱了大学正常的教学秩序，专业教师十分不解，也感觉灰溜溜。1959年3月，中宣部副部长周扬造访中山大学教授陈寅恪。陈寅恪问道："周先生，新华社你管不管？"周答"有点关系"。陈寅恪说："去年新华社广播了新闻，说大学生教学比老师还好，只隔了半年，为什么又说学生还是要向老师学习，为何前后如此矛盾？"周扬解释说："新事物要实验，总要实验几次；革命，社会主义也是个实验。买双鞋，还要试那么几次。"陈寅恪不服："实验是可以的，但尺寸也不能差得太远。"周扬回京后对高层领导做了汇报，并表态说："大学文科学生集体编教科书，这种热情是好的，但是把老教授丢在一边，学生还没有懂。无论什么时候，我们都要向老教授学。就是要打倒，也要把他的一套学问学了，才能打倒。我们就是要赶快把老教授的知识全部接受过来。广东有个陈寅恪，他肚子里就是一部历史书，我们就要把这一历史书学过来。他也是读了一辈子书才成这一活历史的。"此后，学生编教材的乱象得到一定程度的遏制。

台静农邀聂华苓到台大中文系授课

台湾大学中文系主任许寿裳 1948 年 2 月死于非命，台大师生戏称中文系主任是一个不祥的职位，谁当谁倒霉。就是在这个背景下，台静农于当年 8 月就任台大中文系主任。1960 年《自由中国》杂志被当局查封，担任文艺版编辑的聂华苓也受到牵连，属于"危险分子"，处于被监控跟踪的状态。某日，一位素不相识的前辈突然敲响了她冷落已久的家门，来人正是台静农。更让聂华苓吃惊的是，台静农说请她到台大中文系任教，讲授"文学创作"课程。聂华苓当时惊讶得竟不知如何作答，后来她回忆道："不仅因为台先生对我这个写作者的礼遇，也因为我知道台先生到台湾初期，由于和鲁迅的关系，也自身难保;而我那时在许多人眼中是个'敬鬼神而远之'的人。台先生居然来找我!我当然心怀感激地答应了。"

域外篇

黄宽与容闳在英美之间的选择

1846年冬,香港马礼逊学堂校长布朗因病回美国治疗,临行前,布朗夫妇宣布,此行可带几名学生赴美留学。全堂学生都无动于衷,因为当时在中国人的头脑中,美国是荒蛮之地,到美国去留学无异于生离死别。经布朗夫妇反复解释和动员,最后只有容闳、黄胜、黄宽三个学生报名。1847年4月中旬,他们三人随布朗夫妇到达美国马萨诸塞,入读孟松预备学校,次年,黄胜因水土不服中断留学返回中国,黄宽和容闳留下继续学习。两年期满,黄宽和容闳获得了升入大学的资格,然而,学费却无着落。经布朗和孟松预备学校校长努力,终于在香港找到了新的资助人,但资助附有条件:受资助者须去英国爱丁堡大学学医,学成后回香港行医兼传教。黄宽接受了这个条件,于1850年入学爱丁堡大学医学院学医;容闳不愿离开美国,且一心想读耶鲁大学,因此没有接受香港的这笔资助。容闳于1850年考入心仪的耶鲁大学,他的学费和生活费,部分来源于一家妇女会的资助，部分来源于他的勤工俭学（为兄弟会管理图书、为同学提供膳食等）。1854年，容闳从耶鲁大学毕业，获学士学位，毕业之际，容闳已把"将来应行之事，规画于心中"，那就是"中国年轻一代应当享受与我同样的教育利益"。

半途而废的幼童留美

在容闳的推动下，清廷于1872年至1875年选派120名十余岁的幼童留学美国。这些幼童抵达美国后都寄居于美国家庭，先在当地学习语言，然后报考大学。幼童在美国接受美式教育，过着美式的生活，随着时间的推移，他们不仅学业大长，思想方式和生活方式也发生了很大变化。对此，身为留美学生监督的容闳十分理解。但是，1876年清廷派来另一位留学监督吴子登后，形势急转直下。这些小留学生被吴子登召见时居然不下跪，吴子登已十分震惊；其后他又发现了小留学生更多的离经叛道言行。吴子登忍无可忍，遂密信李鸿章，反映小留学生"改穿洋服""读书时少而游戏时多""无敬师之礼""半数已信奉耶教"等数典忘祖之言行；此信也参了容闳一本，说容闳"纵容学生，任其放荡淫佚"。吴子登在信中建议："当从速解散留美事务所，撤回留学学生。"容闳获知后也驰函李鸿章，称赞留美学生学业成就，驳斥吴子登"捕风捉影，皆挟私恨""造谣生事，以耸听闻"。然而，清廷主事者轻信了吴子登的诬告，于1881年下令将这些留学生全部撤回。据不完全统计，到1880年共有50多名幼童进入美国各大学学习，其中22名进入耶鲁大学，8名进入麻省理工学院，3名进入哥伦比亚大学，1名进入哈佛大学。尽管容闳据理力争，美国多位大学校长和社会名流也纷纷致函总理及各国事衙门，褒扬留学生"不愧为大国国民之代表，足为贵国增荣誉"，请求清廷撤回成命。遗憾的是，这些努力终未打动清廷，这些小留学生中的绝大多数，不得不中断学业"凄然返国"。

戈鲲化：第一位登上哈佛教坛的中国人

1877年2月，美国驻华领事奈特根据自己在中国十多年的工作和生活经验，致信哈佛大学校长埃利奥特，建议哈佛添设一中文讲座，聘中国人任教。埃利奥特采纳此议，并委托奈特在中国物色合适的人选。奈特通过税务总司，选中了在宁波税务司担任中文教师的戈鲲化。1879年5月26日，戈鲲化与奈特签订了赴美执教合同，合同约定：戈鲲化于1879年9月1日至1882年8月31日，在哈佛大学任中文教习三年；月薪200美元（当时美国平均年薪约为1000美元，而契约华工扣除路费后的月薪仅10美元左右）。戈鲲化于1879年10月正式登上哈佛大学教坛，讲授中国语言文学。他每周上课五天，每天讲课一小时，学生自学辅导二至三小时。戈鲲化每次上课，都穿官服，以示郑重。他的课不局限于本校学生，也可供校外的人选修，此外他还为哈佛的教师特别开设了中国诗文讲座。授课之余，戈鲲化编纂了中文教材《华质英文》，被哈佛大学称作"有史以来最早的一本中国人用中英文对照编写的介绍中国诗词的教材"。作为哈佛大学的第一位华人教授，戈鲲化不仅是哈佛大学毕业典礼上引人瞩目的贵宾，也成为当地的文化名人。可惜天不假年，1882年2月戈鲲化罹患肺炎，不幸溘然长逝，年仅44岁。哈佛大学在悼词中如是评价戈鲲化："他通过教授中文来传授中国的传统文化，尤其是唐诗宋词。

他是个诗人,在任何场合几乎都不忘吟诗、讲解诗。他意识到在美国致力于传播中国文化、诗的价值,他是向美国输出中国文化先行者。我们在中国大圣人孔子身上可以发现类似的品质。"

金韵梅奇特的留美经历

金韵梅1864年出生于宁波,两岁时父母因病双亡,被美国传教士麦嘉谛夫妇收养。1880年,年逾六旬的麦嘉谛举家回美定居,带金韵梅随行,由于金韵梅没有护照,只能以麦嘉谛养女的身份入境。到了读大学的年龄,金韵梅痛感于父母缺医少药而病故的经历,于1882年秋考入纽约医院附属女子医学院学医。尽管这一年美国通过了排华法案,这位黄皮肤、黑头发的中国女生没少挨白眼,但她在学业上发愤努力,学业突飞猛进;金韵梅1885年5月以一等荣誉学位毕业,清廷驻美公使派员参加了她的毕业典礼。随后,金韵梅到医院任住院医师,又到费城、华盛顿、纽约等地攻读研究生课程,并在《纽约医学杂志》发表了《显微镜照相机机能的研究》一文，于1888年获得博士学位。尽管年迈的麦嘉谛夫妇一再挽留她留在美国，但金韵梅在获得博士学位的当年，痛别了养父母回到国内，开始了她在祖国的医学生涯。

哥伦比亚大学丁龙汉学讲座的由来

19世纪后期，一位穷苦的广东人丁龙，远渡重洋到美国加州做苦工，后来被一位企业家卡朋蒂埃（后任奥克兰市长）雇到家里当仆人。丁龙忠心耿耿，克勤克俭，在主人家服务了大半辈子，赢得了主人一家的敬重。在丁龙退休之际，卡朋蒂埃感激地对丁龙说，为了报答他多年来的辛劳，很愿意为他做点什么。出乎卡朋蒂埃意料的是，丁龙说自己一生省吃俭用，攒了一点钱，大约有一万二千美金，想请主人出面把这些钱捐给一所好的美国大学，来研究他祖国的文化。卡朋蒂埃感动至极，旋即致函母校哥伦比亚大学校长，信中写明原委，并大赞丁龙的美德，"不错，他是异教徒……这是一个少有的表里如一、中庸有度、虑事周全、勇敢而仁慈的人；

是一个小心谨慎、克勤克俭的人"。1901年夏秋之际,哥伦比亚大学正式设立"丁龙汉学讲座"。后来卡朋蒂埃自己也为这个讲座陆续捐了几十万美元。这个"丁龙汉学讲座",就是哥伦比亚大学汉学系的前身。

丁文江与同学一路坎坷由日转英

丁文江1902年自费留学日本,与李祖鸿、庄文亚结为好友,1904年春夏之际,他们应时在爱丁堡的吴稚晖召唤,决计转往英国。三人自认为计划得很周密、经费很充足,但上路之后很快就发现,带的钱根本无法维持到爱丁堡。好在船到新加坡时,他们慕名找到了寓居此地的康有为,康有为称赞他们敢想敢干,当场送给他们10英镑以救急,并修书一封,让他们到英国后去找他在英国留学的二女婿罗昌。漂泊了四个多月后,三人到达爱丁堡,身上总共只剩5英镑,根本就住不起吴稚晖为他们租的房子,吴稚晖本人也是穷学生,爱莫能助。到达爱丁堡的次日,丁文江把康有为的信寄给罗昌,很快得到罗昌的回信以及20英镑。经过多次磋商，庄文亚跟吴稚晖去了利物浦，而丁文江和李祖鸿则留在爱丁堡，他俩一边等家中汇款，一边补习英语。在偶然认识的斯密勒医生建议下，丁、李二人去他的家乡斯帕尔丁读中学，那个小镇生活费用很低，二人生活勉强维持，也得到斯密勒家人的很多照顾。1906年秋，丁文江被剑桥大学录取，但因学费太昂贵，读了半年就辍学；再报考伦敦大学医学院，一门科目不及格未能录取。1907年夏，丁文江约李祖鸿一起去格拉斯哥，李进入一所美术学校，而丁则进入格拉斯哥大学主修地质学，开始了他们真正的留英生活。

梁诚智促美国退还部分庚款以兴学

由于《辛丑条约》并未明定庚子赔款的结算方式，所以中国实际都以白银结算，而大部分列强要求以黄金结算，美国则在二者之间摇摆。1904年年底，清廷驻美公使梁诚面见美国国务卿，晓以利害，希望美国主持"公道"用白银结算，国务卿沉思片刻，似自言自语地冒出一句："赔款数额确实过多。"梁诚听话听音，决定改变策略，不再纠缠金银问题，而是争取美国放弃其"超出真正损失"的那部分赔款。梁诚致信美国务卿，敦促美方削减赔款金额，"若贵国带头，不管这正义之声传到何处，其他国家都会效仿"。梁诚利用各种机会在朝野游说，得到美国很多名流同情。次年春，梁诚致信清廷，"美国总统已有所松动"；他提议清廷向美方"建议将退还赔款用于教育"，只有这样才最有可能"既让美国总统下决心，又赢得美中两国的民意"。在梁诚的斡旋之下，1907年12月，美国总统罗斯福咨文国会退还部分庚款，"助中国发展教育，招导该国学生来美留学，使该国巨数国民能渐融洽于近世之境地"。1908年7月11日，美国驻华公使向中国政府正式声明，将美国所得庚子赔款的半数退还中国，"用以资助中国学生留学美国以及创办留美预备学堂，不得将该款挪作他用"。

早稻田大学的《鸿跡帖》

20世纪初,早稻田大学是最受中国留学生青睐的日本大学,该校不仅学费低廉,而且适应中国学生特点进行教学。由于中国留学生人数众多,早稻田大学于1905年专门设立"清国留学生部",当年招收762名中国留学生。1906年,早稻田大学"清国留学生部"首届预科生毕业,主事者向所有毕业生发放统一用纸,请毕业生任选诗、文、书、画留下学习感言并汇编成留言册。册子编成之后,主事者致函时任湖北留日学生监督的钱恂为册子题名,钱恂借苏东坡的"雪泥鸿爪"题名为"稻泥鸿爪";留言册后来正式成书出版,取名《鸿跡帖》,第一册的留言者为1906至1908年三届毕业生。从留言中,可以看到中国留学生深厚的国学根底,也可以看到他们对早稻田大学栽培之恩的真诚感谢,以及对振兴中华的远大抱负。而留言者的署名前缀,有的用"清国",有的用"支那",也有的用"中国"。

蔡元培不惑之年自费留学莱比锡

1908年7月,年已不惑的蔡元培随清政府驻德公使孙宝琦抵达德国柏林,一边补习德文,一边为报考柏林大学做准备。为了筹集高昂的学费和生活费,蔡元培身兼数职,一是担任唐氏四兄弟(唐绍仪侄子,当时都只有十多岁,是小留学生)的国学家教,每月报酬100马克;二是在清廷驻德使馆中兼职,每月可得30马克;三是应约为商务印书馆编译教科书和学术著作,每月100银元(这笔钱主要用作国内妻小的生活费)。1908年夏,蔡元培拟报考柏林大学,但了解到柏林大学的报考条件之一是必须持有中学毕业证书,遂改弦更张报考莱比锡大学哲学系。当年秋,蔡元培在莱比锡大学注册入学,他在注册表上填写的年龄是35岁(当年他已实足40岁,他可能是担心年龄太大不能入学)。到莱比锡之后,使馆兼职和家教都已不可能,蔡元培的学习和生活费用主要靠译著稿费维持,此间他翻译的著作有《伦理学原理》《德意志大学之特色》《撒克逊小学

(国民学校)制度》,并著有《中国伦理学史》。但仅靠稿酬,仍常常入不敷出,商务印书馆1911年初寄给他的年度"收支清单"显示:收支两抵后还超支200元。好在时不时地还有故旧亲朋接济,蔡元培在莱比锡大学读完了六个学期的全部课程,获得修业证书。

穆尔特事特办促成顾维钧提前博士毕业

顾维钧1904年自费留学美国哥伦比亚大学,攻读政治学,获学士、硕士学位后又攻读博士学位,导师是约翰·穆尔。顾维钧确定的博士论文题目是《外国对中国政府的权利要求》,拟写九章加一个导论。1912年2月中旬,正忙于博士论文的顾维钧突然接到中国驻美使馆通知,要他去一趟有要事相商,到使馆之后,得知是临时大总统袁世凯请他回国担任总统府英文秘书。顾维钧对此毫无心理准备,借口尚未完成学业婉拒。但穆尔获悉此事后对顾维钧说,攻读政治学和外交学博士学位就是为了进入政府担任公职,机会千载难逢,他建议顾维钧接受邀请回国服务。顾维钧说博士论文只完成了导论和三章，不舍得放弃学位。穆尔要了顾维钧已写出的论文初稿，阅过之后表示，光导论部分就已足够作为一篇完整的博士论文；穆尔迅速安排答辩事宜，请古德诺、比尔德等教授当答辩教授。3月29日，顾维钧顺利通过答辩。在穆尔的推荐下，比尔德教授承担了论文出版的一切事务，比尔德太太负责校对，但比尔德要求顾维钧必须尽快完成一篇序言。由于学位大功告成，顾维钧接受了袁世凯的邀请，旋即启程回国；比尔德要求的那篇序言，是顾维钧4月中旬在回国途中完成的。

胡适回信讥弹书记员

胡适于1910年庚款留学美国康奈尔大学，主修农学。清华学校当时在华盛顿设有留美学生监督处，钟文鳌是监督处的书记员，他的一项工作是每月将公费寄给清华的留美生。钟文鳌是虔诚的基督徒，热心于社会改革和宣传说教，他自己印了一些小传单，每月夹一张在信封里，随同月费支票一并寄给留学生。这些小传单,内容繁杂,诸如"不满廿五岁不娶妻""多种树,种树有益""废除汉字,取用字母"等。有一张传单写的是,"中国应改用拼音字母;普及教育,非用字母不可"。留学生们对青年会式的宣传说教本来就反感,加上胡适那天的情绪也许不太好,一向好脾气的胡适收到这张传单后,当即给钟文鳌回了一短信,信上写道:"你们这种不通汉文的人,不配谈改良中国文字的问题,必须先费几年工夫,把汉文弄通了,那时才有资格谈汉字是不是应该废除。"

康奈尔大学留学生创办《科学》月刊

1914年6月10日,康奈尔大学的多位中国留学生晚餐后聚在俱乐部闲聊,谈及世界形势和中国现状,都认为中国所缺者莫过于科学。天色已暗,但大家的谈兴正浓,来到任鸿隽住处继续猛侃,创办一份《科学》期刊的共识由此萌生。当年12月17日,九位留学生再次聚集在任鸿隽宿舍,在任鸿隽执笔的《科学月刊缘起》文本上签了名,这九人是:

胡明复，赵元任，周仁，秉志，章元善，过探先，金邦正，杨杏佛，任鸿隽。他们议定，出版费通过两条途径解决，一是初期由他们自费分担，每人从学费中捐出5元；二是成立中国科学社，收取入社费5元。1915年1月，《科学》月刊创刊号由商务印书馆正式出版发行。在创刊号上，由任鸿隽执笔的"发刊词"写道："临渊羡鱼，不如退而结网，过屠户而大嚼，不如归而割烹。国人失学久矣，不独治生棓窳，退比野人，即数千年来所宝为国粹之经术道德，亦凌夷覆败，荡然若无。民生苟偷，精神形质上皆失其自立之计。虽闭关自守，尤不足以图存。矧其在今之世耶，夫徒钻故纸，不足为今日学者，较然明矣。然使无精密深远之学，为国人所服习，将社会失其中坚，人心无所附丽，亦岂可久之道，继之以往，代兴于神州学术之林，而为芸芸众生所托命者，其唯科学乎！其唯科学乎！"

胡适迟到十年的哥伦比亚大学博士学位

胡适于1914年秋入哥伦比亚大学研究院，师从杜威攻读哲学。1917年初，就在紧张撰写博士论文之际，胡适的《文学改良刍议》发表在《新青年》当年第一期上，一夜之间"暴得大名"。也就在这时，《新青年》主编、新任北大文科学长陈独秀向蔡元培校长推荐了胡适，陈独秀致信胡适，转达了蔡校长盛邀胡适到北大任教的迫切心情。胡适的内心当时十分纠结，一边是即将到手的博士学位，一边是位高名尊的北大教授。在鱼与熊掌之间，胡适最终选择了"北大教授"。于是，他匆忙向哥大提交了题为《中国古代哲学方法之进化史》的博士论文，并征得杜威的同意完成了口试答辩。按照哥大规定，博士论文必须正式出版之后才能授予学位，可胡适实在等不及了，他在应付完答辩之后，便匆忙辞别杜威于6月初启程回国。胡适到北大任教之后，将博士论文一分为二，以《中国哲学史大纲》和《先秦名学史》分别于1919年、1922年正式出版。直到1927年1月，胡适责成出版公司将此二书各一百本寄往哥伦比亚大学，作为正式出版的博士论文，同时胡适本人借赴英参加中英庚款咨询委员会的机会转道美国，在哥伦比亚大学作了系列学术演讲，这才"顺理成章"地正式获得哥大博士学位。

达仰指点给徐悲鸿作画的灵魂

1919年3月,徐悲鸿携妻子蒋碧薇公费到法国留学,初进朱利安学院,后进巴黎国立美术学院。西洋美术训练从素描起步,开始时徐悲鸿学得比较吃力,因为他已习惯中国画的写意技巧,中国画写意技巧与素描的写实功夫大不相同。不久后,徐悲鸿结识了年近古稀的达仰,成为达仰的及门弟子。在达仰的指导下,徐悲鸿的画技明显提高,可过了一个阶段后又停滞不前。苦恼中的徐悲鸿带着自己的画作请老师指点,达仰阅过之后说:我知道你为什么停滞不前了,因为你的作品里缺乏一种"受苦"的精神,而这是作品的灵魂。当时,国内正值军阀混战,公费时不时地中断,徐悲鸿夫妇经常处于缺衣少食的状态,学习也受到一定的影响。徐悲鸿似乎明白了"受苦"的含义,开始了真正"受苦"的留学生活。他尽量节衣缩食,用省下来的钱,买价格不菲的画布和颜料,到各大博物馆研摹大师的作品;有时一天只吃一个面包,饿着肚皮也绝不停止作画；没钱请模特，他就让蒋碧薇当女模特，或者自己当男模特在镜子里临摹。就在这"受苦"的过程中，徐悲鸿的画艺终于突破了高原期。

瞿秋白兼课莫斯科东方大学

瞿秋白1920年受《晨报》和《时事新报》委派，到莫斯科任驻苏俄记者。翌年5月，莫斯科东方大学成立，专招远东各国的革命者。该校由于中国学生人数较多，因此单独编有中国班，瞿秋白受邀为中国班学生授课，并担任政治理论课的翻译。瞿秋白在莫斯科东方大学兼了一年的课，主讲俄语，另外还有唯物辩证法、政治经济学等课程。在中国班讲俄文课程最吃力，一是因为中国班学生几乎一点俄语基础都没有，初学困难很大；二是苏俄籍教师的中文水平又很差，也影响到中国学生的学习效果。据当年中国班的学生萧三、曹靖华等人回忆，"瞿秋白为了让这些冒着生命危险到苏俄寻求真理的青年人学好俄文，总是想尽办法讲好俄文课。课前，他认真备课，收集适用的教学材料。上课时注意讲授方法，循循善诱。课后他还到学生中去，询问学生的学习情况"。"秋白教给我们俄语应当从哪里学起，要注意什么问题，真是诲人不倦。"

徐志摩《再别康桥》

1920年，徐志摩违背父亲要他攻读银行学的愿望，径自离开美国哥伦比亚大学前往英国，以"特别生"的身份进剑桥大学国王学院进修政治经济学。到剑桥之后，徐志摩的兴趣很快转向文学和诗歌，开始新诗创作。1922年徐志摩中断学业离开剑桥，行前时写下了《康桥再会吧》。1928年7月，徐志摩重游剑桥，物是人非，怅然若失，在回国的途中，他写出了脍炙人口的《再别康桥》："轻轻的我走了，正如我轻轻的来；我轻轻的招手，作别西天的云彩……沉默是今晚的康桥！悄悄的我走了，正如我悄悄的来；我挥一挥衣袖，不带走一片云彩。"在剑桥，徐志摩的政治经济学没能卒业，但这首新诗却成了传世名作，不仅在中国传诵一时，在剑桥也广为人知，成为一位肄业生剑桥情结的明证。为了纪念这首名诗，剑桥大学国王学院于2008年在校园一块僻静处竖立了镌刻有《再别康桥》诗句的一座石碑，并环绕此碑开辟了一座小小的中式花园，名"徐志摩花园"。

刘湛恩当场质问美国总统

刘湛恩1915年留学美国，先后就学于芝加哥大学和哥伦比亚大学。1922年1月底2月初，华盛顿九国会议行将结束之际，美国总统威尔逊发表公开演讲，宣扬九国会议的"成就"和美国的"公正立场"，当他讲到日本在中国的权益受到限制而改由多国"共同支配"时，听众中突然有人高声质问："我们的山东省是怎么回事？""我们绝不同意！"全场一片哗然，华府特工当即将质问者拘押，后经留学生团体和华侨联名抗议，他才恢复自由。这位质问者，就是哥伦比亚大学中国留学生刘湛恩。当年夏，刘湛恩获博士学位回国，1928年任上海沪江大学校长，致力于沪江大学的"中国化"。"九一八"事变后，刘湛恩投身抗日救国运动，上了日伪的"黑名单"。

1938年4月4日晨，刘湛恩在静安寺公共汽车站被暴徒枪杀，成为中国第一位为抗日救国而牺牲的大学校长。

洼田忠彦对苏步青的冷酷指导

苏步青1927年在日本东北帝国大学毕业，随即考入研究所师从微分几何学家洼田忠彦。某日，苏步青对一道几何题百思不得其解，便去请教洼田。洼田看了看那道题，冷冷地对苏步青说："你先去读沙尔门·菲德拉的解析几何学著作，读懂之后再来见我。"当苏步青到图书馆借到这部书时，不禁连声叫苦，原来这是一套德文原版书，厚厚三大本，近两千页。当时，苏步青已掌握了日文、英文、法文，唯独德文一窍不通。望着这三大本厚厚的德文书，心中不免抱怨老师太无情，这要啃到猴年马月。但师命难违，苏步青只得硬着头皮，一面补习德文，一面借助词典开始啃这部天书。将近一个学期，他再也没去见洼田，直到把这本书读懂了，他才去见老师。洼田师问他感觉如何，苏步青深深地鞠躬，对老师的"冷酷"指导再三表示感谢。这部书不但解决了苏步青的疑难问题,而且使他的解析几何学知识系统化、深化,学到了终身有用的东西。

梅贻琦批准浦薛凤半公费

梅贻琦1928年11月到华盛顿,任清华大学留美学生监督处监督。梅贻琦上任后不久,正在翰墨林大学攻读博士学位的浦薛凤来到监督处申诉:按照清华惯例,留学满五年之后,可延长公费一年,但罗家伦长校之后,改革校务,每年仅批准五人可延长一年;1923年留美的浦薛凤,1928年公费期满,但未能获批延长,断了经费来源,而当时他的博士论文已完成大半。浦薛凤对梅贻琦说,清华陡然限制延期学额,使当事人来不及准备、束手无策;同时他表示,自信学业成绩并不在获批的五人之下,因此质疑审批标准不公。梅贻琦听完浦薛凤申诉后,对他的质疑表示"很难说",但很同情他的处境,最终想到一个两全的办法。梅贻琦对浦薛凤说,在监督的职权范围之内,自己有权特批半公费,他认为浦符合半公费的条件；但由于1928年半公费申请时间已过，只能在次年2月申请。浦薛凤在1929年春终于获得了这笔半公费，借此完成了博士学位的全部学业。

胡适参加哈佛校庆深受刺激

1936年9月，胡适作为北京大学、南开大学和中央研究院的代表参加哈佛大学三百周年校庆，当时参加哈佛校庆的共有世界各国五百多所高等教育机构的代表。庆典活动的一项仪式，是这些代表以各自所代表机构的年龄为序排队游行入场，结果在这个五百人左右的队伍里，埃及爱资哈尔大学的代表排在第一位，紧接着的是有近千年历史的波隆那大学、巴黎大学、牛津大学、剑桥大学等校的代表，而代表北大的胡适只能排在第419位（南开排在454位，排在499位的中央研究院是倒数第七位）。走在长长队列尾巴上的胡适，大受刺激，回国途中一路大发感慨。12月初甫抵上海，他就对各路媒体发问："有着五千年历史的中国为什么竟没有成立五十年的大学？""我们中国是已具五千多年历史文化最早的古国，为什么反屈居于最末的次序？"这个问题几乎缠绕了他后半生，直到去世前不久，他还在念叨这个"胡适之问"。

华罗庚不要"博士"要博学

华罗庚自学成才，被清华大学数学系主任熊庆来破格录取为助理员，其后晋升为数学系讲师、教授。1936年，华罗庚到英国剑桥大学访学，剑桥大学著名数学家哈代教授惊叹于华罗庚的才华，明确表示，"华可以在两年内获得博士学位"。当别人将哈代教授的美意转告给华罗庚时，华罗庚深思之后对他们说：自己无意于博士学位，只想做一个"访学者"。华罗庚的考虑是，若要按部就班地获得博士学位，就必须选修指定的几门专业课程，名其"博"而实为窄；不申请博士学位则不受此限制，凭自己当时的学力足可同时攻读七八门课程。华罗庚选择了后者。1938年华罗庚告别剑桥回国，到西南联大任教，他虽然没有拿到博士学位，但是却带回了比一个博士头衔更多、更宝贵的真才实学。

胡适婉拒哈佛大学任教邀请

1937年秋,胡适受国民政府委派以非官方身份赴美,在朝野之间进行公关以争取美方对中国抗战的援助。因是非官方身份,胡适在美国的收入很少,生活颇为拮据。次年4月,哈佛大学校方鉴于胡适在美没有正式工作,有意利用这个机会聘胡适任客座教授,哈佛校方寄给胡适的协议书上开出了非常优厚的条件:讲授中国文学史课程,每周三到六课时,年薪8000美元。胡适鉴于自己在美国身负的特殊使命,当天就给哈佛校方回信,在感谢对方美意的同时,婉拒了这个令人羡慕的美差。胡适在回信中写道:"您打算在协议上作出的建议是非常慷慨的。Donham主任保证大学能确保我免于外出讲演的烦人计划,对此我被深深吸引。遗憾的是,经过一整天的思考,我得出了这样的决定:由于战争形势在继续,所以对于这个经济上非常优厚,同样在道义上要求我全身心投入到教学和研究中去的职位,我凭良心不能接受。我有理由肯定,我将无法拥有足够'平静的心灵'作出与您即将在协议中建议的慷慨俸禄相称的贡献。我对您提出这么好的建议非常感谢。作为我从哈佛得到的巨大荣誉之一,我将永久铭记。"

卢鹤绂携带超重资料登机回国

卢鹤绂 1936 年留学美国明尼苏达大学,专攻原子物理,他首次阐明了铀 235 临界质量的测算方法,研究成果《关于原子弹的物理学》发表在《美国物理学月刊上》。卢鹤绂 1941 年获博士学位,同时收到广西大学的聘书,旋即回国。当时美国机场规定,每人随身携带的行李不得超过 20 公斤,为了带回国内急需的大量研究资料,卢鹤绂只得将其他物品减少到最低程度,但行李仍然超重很多。启程之前,他想了一个应对的办法,在大衣里子缝上了多个插袋。出发的那一天,他穿上这件大衣,将资料满满塞进这些插袋里。在登机安检时,插在大衣里的这些资料被查出来了,机场不肯放行,卢鹤绂见瞒不过去,便实话实说:这些既不是黄金又不是美钞,只是一些教科书和杂志，带回国只是为了教学之用。安检人员见他说得滴水不漏，终于放行。

侯仁之号召留英同学回国参加建设

　　侯仁之1946年夏毕业于燕京大学，随即留学英国利物浦大学攻读历史地理学博士学位，后当选中国留英学生会副主席。1948年夏，中国留英学生会为了配合国内形势的发展，决定召开年会，主旨是动员留英同学回国，但是，会议受到国民政府驻英使馆的一再阻挠，竟找不到一个合适的开会地点。侯仁之自告奋勇，利用他与利物浦大学舍监的良好私人关系，最后将会议安排在利物浦大学顺利召开。1949年春，中国留英学生会在曼彻斯特大学召开大会，会上成立了中国科学工作者协会英国分会，分会号召留学人员学成之后迅速回国参加新中国建设。侯仁之作为分会的骨干参与了会章的起草，并且亲自动手刻蜡板油印会章。会章明确提出："科学工作者是人民的一员，自然应该加入人民的队伍，积极为创建新社会而奋斗。""新中国的科学工作者：科学本身只有在真正的民主政治下,才能无条件地应用到人民的福祉上去。"侯仁之于当年夏季获博士学位,旋回国任燕京大学教授。

巫宁坤劝李政道尽快回去

1951年初,正在美国芝加哥大学攻读文学批评博士学位的巫宁坤收到燕京大学校长陆志韦急电,电文告知,燕京一位教英美文学的教授因朝鲜战争突然离开中国,诚聘巫宁坤接替他来校任教。几天后巫宁坤又接到中国政务院的聘请函。当时,巫宁坤的博士学位论文已经完成了一半,再坚持一年左右学位即可到手,但巫宁坤毅然决定放弃学位回国。7月,同在芝加哥大学攻读物理学博士的同学李政道,一直把巫宁坤送到旧金山,临别之际,巫宁坤一再劝李政道也尽快回去,李政道回说很害怕。巫宁坤回国后,任教于燕京大学,不久被调整到天津南开大学。1979年,诺贝尔奖得主李政道回国讲学,巫宁坤在李政道下榻的北京饭店和老同学见了面,旧金山一别已过去28年,两位好同学的境遇和心境已是天壤之别。巫宁坤在回忆录中写道:"我突发奇想:如果在旧金山那个7月的下午是我送他上船回中国,结果会怎样……"

赵元任在普林斯顿大学倒唱如流

赵元任是中国近代史上罕见的"语言鬼才",被誉为"中国语言学之父"。1970年前后,赵元任应普林斯顿大学中国语言研究所邀请前往讲学,演讲题目为"语言游戏,游戏语言"(Play at Language, Language at Play)。演讲前,他要求主办方提供一台可以倒放的录音机,他要请听众点一首英文歌,他倒过来唱并录音,然后再由录音机倒放。演讲开始后,听众点了福斯特的一首流行歌曲,赵元任当即倒唱起来,由于是倒唱,那声音和节奏都显得极为怪异,听众也都如堕五里雾中,一脸的茫然。然而,经过录音机倒放出来之后,倒倒为正,就还原成一首众所周知的福斯特名曲。对这一魔术般的精彩表演,满场掌声雷动,爆发出阵阵喝彩。随即,赵元任开始演讲英语表音文字的特点以及单音和组合音的规律,由于倒唱表演作为例证,即便是没有语言学基础的听众,也基本领悟了其中的道理。

吴家玮过五关被选为加州大学校长

1982年,美国加州大学校长退休,校董会公开招聘校长。全球共有二百多人报名应聘,时任加州大学圣地亚哥分校教授的美籍华人吴家玮也是其中之一。最后,吴家玮脱颖而出,被校董会选中,其间共经历了五关严格的考核。第一关,由校董会批准组成的"校长遴选委员会"对应聘者的履历材料进行甄别初审,从中选出12名候选人。第二关,遴选委员会对这12人进行面试,从中确定6人列为重点对象。第三关,分别到这6人所在机构明查暗访。例如,遴选委员会派专人到加州大学圣地亚哥分校与四十多位教职工访谈,了解吴家玮各方面的情况。据此,从6人中确定4人继续考察。第四关,遴选委员会将这4名候选人连同各自的夫人接到学校小住数日,进一步观察候选人及其夫人的言行举止。这一关再淘汰一人。第五关,由校董会及其遴选委员会三十多名成员对最后三位候选人进行面试终审，当场提问当场作答；然后校董会根据遴选委员会的考核报告，表决选出一名当选者。吴家玮从报名到最终当选，整个过程经历了大约半年。

宾夕法尼亚大学补授林徽因建筑学学位

1924年秋，林徽因和梁思成留学美国宾夕法尼亚大学，当时他们都拟注册攻读建筑学学位。但宾大建筑系当时不招女生，主要原因是必修课有男性模特写生的美术课，还有比较繁重的施工技术课，这些课程被认为不适合女生，因此，林徽因未能注册建筑系，只好注册在美术系。然而，她不但选修了所有的建筑设计课，包括设计理论、绘画和建筑史等，还担任了建筑设计的助教，学业成绩为"卓越"，且优于多数男同学。林徽因于1928年学成回国，先后任东北大学、清华大学建筑系教授，长期从事古建筑研究和设计。宾夕法尼亚大学建筑系1934年才放开女禁，开始招收女生，此后，宾大开始对此前因性别原因未能注册建筑学而修习了相关建筑学课程的女生进行甄别，符合条件的将补发建筑学学位。2022年，宾大校方对林徽因的学位发起调查和甄别，结论认为："她没有被授予学位的原因很清楚，就是她的女性身份。这是一个历史遗留错误，是时候来纠正它了。"2024年5月18日，宾大韦茨曼设计学院举行毕业典礼，院长正式为林徽因补发了建筑学学士学位，林徽因的外孙女于葵代外祖母接过了这份迟到近百年的学位证书。